탈북 32년, 두만강 넘어 시드니

탈북 32년, 두만강 넘어 시드니

초판발행일 | 2024년 8월 30일

지은이 | 김재홍
펴낸곳 | 도서출판 황금알
펴낸이 | 金永馥

주간 | 김영탁
편집실장 | 조경숙
인쇄제작 | 칼라박스
주소 | 03088 서울시 종로구 이화장2길 29-3, 104호(동숭동)
전화 | 02) 2275-9171
팩스 | 02) 2275-9172
이메일 | tibet21@hanmail.net
홈페이지 | http://goldegg21.com
출판등록 | 2003년 03월 26일 (제300-2003-230호)

ⓒ2024 김재홍 & Gold Egg Publishing Company. Printed in Korea

값은 뒤표지에 있습니다.

ISBN 979-11-6815-084-3-03340

연합뉴스 기자의 30년 동행 취재기

탈북 32년, 두만강 넘어 시드니

김재홍 지음

황금알

이 책은 에디를 지켜보며 응원해 온 기자의 동행 취재기다. 목숨을 걸고 두만강 여울을 건너온 대학생의 탈북 32년 다큐멘터리이다. 지구상에서 유일하게 분단된 나라인 남한과 북한 그리고 호주에서 60년 가까이 살아온 한 사람의 역사이다. 남북이 분단된 지 내년이면 벌써 80년이다. 대륙국가인 대한민국이 38선에 가로막혀 일본 열도나 다름없는 태평양의 섬이 돼 버렸다. 남북의 미래를 이야기할 때, 너무 오랜 세월 떨어져 살아 이제는 서로 다가가기 힘들다는 말이 절망과 한탄처럼 들린다.

에디는 북한에서 태어나 청년기까지 사회주의 교육을 받고 자란 사람이다. 하지만 분단 세월과 교육도 에디의 몸속에 잠복해 온 개성상인 DNA가 용솟음치는 것을 막지 못했다. 서울 땅을 밟자, 평양 옥류관 서울분점 창업과 나우누리 등에 정보제공 사업가로 다시 태어났다. 또 호주 회계사로 거듭나 북한지하자원 투자전문가가 됐다. 남과 북이 새로운 미래를 꿈꾸고 나아갈 때 에디의 삶을 들여다보고 함께 해법을 찾을 수 있길 기대한다.

에디는 북한에서 태어나 중국을 거쳐 한국에 들어왔다. 9년 가까이 서울에서 대학생, 방송인 그리고 사업가로 활동하다 호주로 이민을 떠나 회계사가 됐다.

탈북 귀순자 신분으로 서울에 온 지 얼마 안 된 1995년 3월 말, 에디는 고려대 캠퍼스에서 연합뉴스 기자인 필자를 만났다. 탈북 귀순자의 수는 당시 1년에 10명도 채 안 됐다. 탈북 귀순자들의 기자회견이나 대학 입학 소식은 당시 주요한 뉴스로 다뤄졌다. 에디의 고려대 입학도 충분히 화젯거리가 될 때였다.

점심시간이라 고려대 근처 안암동 골목 오소리 순대국밥집으로 갔다. 에디는 담당 정보과 형사가 몇 번 데리고 간 식당이라고 안내했다. 밥을 먹다가 『북한의 지리여행』(서울:문예산책, 1995)이라는 책을 준비 중이라고 했다. 유홍준 전 문화재청장의 『나의 문화유산답사기』 열풍이 불 때였다. 에디는 북한에서 청진광산금속종합대학 지구물리탐사학과를 다녔다. 지리탐사 실습을 위해 북한 곳곳을 다녀 대동여지도를 만들기 위해 조선 전역을 답사한 북한판 조선시대 김정호를 닮았다. 연합뉴스가 『북한의 지리여행』 서평 기사를 내보냈다. 방송과 신문들이 잇따라 그 내용을 소개했다.

에디는 북한 관련 프로그램에 고정 출연자가 됐다. 이어 『평양 가서 돈 버는 108가지 아이디어』 등 북한 관련 책들을 출간했다. 사업에도 손을 댔다. 평양옥류관 서울분점을 강남에 열었다. 실향민 등 전국에서 온 손님들이 옥류관 냉면 맛을 보기 위해 문전성시를 이뤘다.

그러다가 영국으로 어학연수 겸 유학을 떠났고 아이들 장래를 위해 호주 이민을 결행했다. 에디는 호주 시민권자인 아내가 고등학교와 대학을 시드니에서 다녀 호주가 다른 나라보다 적응하기가 나을 것이라고 판단했다. 영국 유학과 호주 이민 등을 합치면 해외에서 생활한 기간이 20년이 훌쩍 넘는다.

호주에서 처음 생활은 결코 녹록하지 않았다. 모든 것을 새로 시작해야 했다. 골프장 청소원, 우버 기사, 카센터 세일즈맨 등 닥치는 대로 일했다. 당장의 생활안정도 중요하지만 늙어서 자식들에게도 존경받으려면 전문직 자격증을 따야겠다고 생각했다. 고려대에서 경영학과를 졸업한 경력을 살려 호주에서 경영대학원(MBA)에 진학, 회계사(IPA) 자격을 취득했다.

덕분에 회계사와 대북투자전문가로서 성공 궤도에 올라서게 됐다. 모든 일이 잘 풀리고 있다고 생각하던 시기에 전혀 예상치 못한 일이 벌어졌다. 선천성 신장기형이 에디 몸에서 발견됐다. 신장을 이식하지 않으면 몇 년밖에 살 수 없다는 시한부 선고를 받았다.

절망 끝에 기적이 찾아왔다. 에디 몸에 아내의 신장을 이식하는 데 문제가 없다는 판정이 나왔다. 스스럼없이 신장 하나를 내어준 아내 덕분에 새 생명을 얻었다. 두만강을 넘어 중국에서 인천항을 통해 한국으로 귀순, 자유의 새 삶을 얻었는데 또 한 번 생명을 얻었다.

호주 병원에서 수술 진행 과정이 너무 늘어졌다. 한국의 병원에서 수술을 받는 방법을 찾았다. 한양대 병원에서 수술할 수 있다는 연락을 받았다. 코로나19로 비행기 탑승 등이 쉽지 않았다. 결국 호주에서 수술을 받았다.

시한부 삶에서 벗어나자, 탈북 32년이 주마등처럼 지나갔다. 기록으로 남겨두지 않으면 누구도 기억하지 않는 삶이 될 것 같았다. 에디는 북한, 한국, 영국, 호주 등 체제와 환경이 전혀 다른 곳에서 살았다. 환경과 언어, 체제가 다른 곳에서 만난 사람들 그리고 어려움을 극복할 수 있었던 원동력 등을 이야기하고 싶었다. 무엇보다

"한국과 호주 등 자본주의 시장경제 체제에서 누구보다 잘 적응할 수 있던 원천이 무엇이었을까?"라는 물음에 답하고 싶었다. 에디는 우리 민족의 핏속에 면면이 이어져 온 개성상인의 DNA가 자신의 심장을 두드려 깨웠다고 생각한다.

생텍쥐페리의 소설 어린 왕자에 나오는 비행사처럼 거대한 힘에 이끌려 에디도 자강도 도청 소재지인 강계시에 별똥별처럼 불시착했다. 하지만 회전하는 바퀴 힘에 못 이겨 튕겨 나오듯 북한을 벗어났다. 한국에 들어와 새로운 터전을 일궜다. 그마저도 오래 있지 않고 호주로 날아갔다. 에디는 북한 공민증과 대한민국 주민등록증, 호주 시민권 증서 등 3개 신분증을 갖게 됐다. 이 과정에서 겪은 에디의 긴박하고 절절한 순간들을 책에 담았다.

아마도 필자가 어린 시절 지리산 자락에 살면서 천왕봉 등 산만 바라보고 자라 북녘 산맥 속에서 자란 에디가 처음부터 친숙하게 느껴진 것 같다는 생각이 든다. 에디를 통해 북한의 삶을 조금이라도 들여다볼 수 있었던 것은 기자로서 큰 기회였다. 그리고 그간의 동행을 글로 정리할 수 있게 성심을 다해 답해준 에디와 그의 가족들께 감사드린다. 초고를 읽고 감상을 솔직하게 들려준 아들 성우와 딸 영우 그리고 묵묵히 이를 지켜봐 준 아내 정민에게 감사를 전한다. 30년 넘게 다닌 연합뉴스의 직장 선후배 동료들께도 고마움을 전하고 싶다. 책이 출간될 수 있게 도움을 준 김영탁 주필님께도 감사의 인사를 드린다.

이 책은 **방일영문화재단**의 지원을 받아 저술 · 출판되었습니다.

차 례

하나님 말씀에 뜻밖의 위안

남과 북 대학 교육환경 달라도 너무 달라

낯선 문화…양아치는 어느 곳에나

한반도 공존번영 '금맥'…호주 기업도 '군침'

북한은 탯줄, 한국은 새 세계 디딤돌, 호주서 전문가로

귀순대학생, 평양옥류관 서울분점 창업

외화벌이 골동품 중개…돈의 위력 절감

에디는 항구도시(남한으로 치면 부산이다.) 청진에서 대학을 다니기 시작했다. 청진은 인구와 도시 규모 면에서 북한에서 평양, 함흥 다음 가는 제3의 도시다. 그렇지만 북한 사람들은 대부분 평양에 이어 청진을 두 번째로 꼽는다. 중국과 러시아도 남포나 함흥이 아닌 청진에 영사관을 두고 있다.

외국 유학길이 좌절되자 청진에 더는 머물고 싶지 않았다. 주변의 도움을 받아 평양으로 갔다. 사람이 나면 서울로 보내고 말이 나면 제주도로 보내야 한다는 속담이 있다. 평양은 서울과 달리 아무나 가서 살고 싶다고 갈 수 있는 곳이 아니다.

월남한 외삼촌 가족 중에 고위공무원이 있다는 사실이 드러난 뒤라 더 그랬다. 에디가 평양에 들어가기는 낙타가 바늘구멍 통과하기보다 어려운 상황이었다.

북한 사회에서는 출신 성분에 따라 연좌제가 엄격하게 적용된다. 월남자 가족이라는 낙인이 찍히면 평양에 들어가기는 정말 하늘의 별 따기처럼 어렵다. 월남자 가족은 노동당원 가입 자격과 진급 등

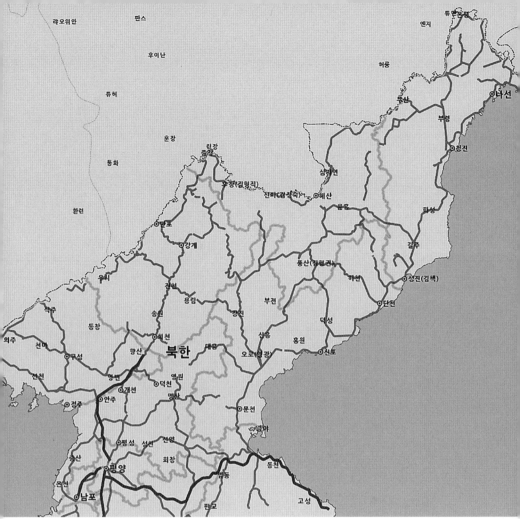

출처: 국토정보플랫폼(https://map.ngii.go.kr/ms/map/NlipMap.do?tabGb=daedong)

에서도 제약을 받는다.

하늘이 무너져도 솟아날 구멍이 있다는 속담이 있다. 연좌제가
엄격하지만 틈이 없는 것은 아니었다. 평양에 있는 대학에 들어가
면 거주 이동의 제한에서 풀려날 수 있는 방법이 있었다.

평양에 가기 위해 다니던 청진광산금속대학을 4학년에 중퇴

했다. 예과 포함 6년제인 이 대학에서 5년을 다녔다. 졸업을 앞두고 있어 아쉬움이 컸다. 하지만 대학 편입학에 필요한 추천서를 받으려면 어쩔 수 없었다. 대학 중퇴 후 곧바로 함경북도 경성에 있는 농업과학원 원종장에 들어갔다. 여기서 2년간 경력을 쌓고 관련 기관들의 대학추천서를 받았다. 그렇게 해서 들어간 대학이 평양철도대학이다. 이 과정을 한두 문장으로 다 밝히기는 어렵다. 온갖 인맥과 수단을 다 동원했다. 주변에서 헌신적으로 도와주지 않았다면 평양 입성은 상상조차 하기 힘든 일이었다.

아직도 북한에서 온 사람들은 이 이야기를 들으면 "이북에서 정규 대학과정을 다니다 4학년에 중퇴해 평양의 다른 대학에 편입했다는 이야기는 처음 듣는 희귀한 일이야."라며 놀란다. 북한의 리(이)과대학은 5년제(예과 포함하면 6년제)이고 인문사회대학은 4년제다.

그때 에디는 월남자 가족이라는 연좌제 굴레를 자식한테까지 물려줄 수 없다는 집념에 평양 소재 대학 편입학에 그렇게 매달렸다고 생각을 한다.

평양은 청진과 생활환경이 너무 많이 달랐다. 무엇보다 돈의 위력이 대단했다. 그래서 돈 버는 일에 매달렸다. 월남자 가족으로 전락, 더 이상 신분 상승을 꿈꾸기도 어려워진 상황이라 더 그랬다.

평양에서 사람은 돈을 가진 자와 못 가진 자 두 부류로 나뉜다. 평양에서 잘나가는 친구들과 어울리려면 돈이 필요했다. 평양에 있는 대학에 적을 두자, 돈을 벌 궁리부터 했다. 하지만 제대로 된 밑천이 없으니 돈 벌이를 시작하기가 만만치 않았다. 궁하면 통한다고 했다.

에디는 개인교습을 하던 중학교 학생의 어머니에게 간절히 부탁했다. "누님, 제가 골동품 장사를 해볼까 하는데 밑천이 필요합니다."라며 사정을 털어 놓았다. "그래? 윤 선생은 학자 양반이라고 생각했는데 그런 재주도 있어요?"라며 놀라워했다. 에디는 그때를 놓치지 않았다. "누님, 제 친구들은 이미 장사를 잘하고 있어요. 밑천만 있으면 끼워 준다고 합니다."라며 배포 있게 큰소리를 쳤다.

"그럼 한번 잘 해봐요. 이자는 필요 없고, 우리 아이 공부나 잘 가르쳐 주세요."라며 미화로 거금 500달러를 빌려줬다. 당시 평양 요지 아파트 한 채 값이 1,000달러 정도 할 때였다.

이 돈으로 시작한 일이 골동품 중개장사다. 북한 당국이 허용한 거래가 아니라 불법 밀거래이다. 적발되면 처벌을 감수해야 해, 위험 부담은 항상 도사리고 있었다. 평양 고려호텔에 일본사업가(골동품상)들이 장기 체류하면서 북한의 골동품을 구입해 일본이나 한국으로 되팔았다. 가까운 지인이 만남을 주선해 줬다.

에디는 주말에 시간을 내 평양 인근 지방에 내려갔다. 오랫동안 사용하지 않은 접시, 요강, 꽃병, 오래된 그림(병풍)들을 싸게 구입해 평양으로 가져왔다. 처음에는 골동품이 진짜인지, 가짜인지 구분하기가 어려웠다.

하지만 평양으로 가져온 골동품을 저녁 시간에 고려호텔 바에서 만난 일본인들과 비밀리에 거래하면서 지식과 경험을 많이 쌓았다.

지방에서 가져온 골동품들 중 80%는 가짜나 모조품이었다. 진품만 일본인들에게 판매하는데 1건당 보통 50~300달러 정도 받았다. 모조품인데 상당한 값을 받고 판 적도 있었다.

한번은 평성에서 청동 불상을 건네받았다. 이 불상은 아직도 잊히지 않는다. 높이 20cm, 두께 3~4cm 되는 크기로 황청색 빛이 났다. 이 물건 주인은 1,000달러를 불렀다. 일본 구매자는 500달러 이상은 힘들다고 했다.

알고 보니 정교하게 만들어진 모조품이었다. 하지만 일본 구매자는 모조가품이라도 가치가 있다며 결국 500달러에 사갔다.

에디는 이런 식으로 거래를 하면서 돈을 벌었다. 이렇게 해서 약 3개월 만에 원금을 돌려줬다.

골동품을 2년 넘게 사고팔아 돈을 쏠쏠하게 벌었다. 이 돈은 평양의 고위간부 자녀들과 어울릴 때 든든한 자금줄이 됐고, 중국을 넘어 남한으로 오는 데도 큰 역할을 했다.

첫 직장 도로공사…고려대 입학

한국에서 에디가 첫 번째로 들어간 직장은 한국도로공사였다. 총무부로 발령을 받았다. 직원들 해외출장과 연수 업무를 주로 담당했다.

에디는 한국도로공사가 어떤 일을 하는 곳인지도 모르고 들어갔다. 당국의 조사를 마치자, 담당 공무원이 도로공사에 취직을 알선해 주겠다고 했다. 이 제안을 받고 "아니 아무리 그래도 도로공사에 동원되란 말입니까?"라고 따져 묻기도 했다. 공무원은 어이가 없다는 듯이 "선생이 생각하는 그런 노동 현장이 아닙니다. 한번 가봅시다."라며 에디를 다독였다. 속는 셈 치고 따라나섰다.

당시 남한 실정을 몰랐던 에디는 도로공사가 도로 현장 공사나 하는 회사로 생각했다. 공사직원은 공무원에 준해 신분의 안정성을 보장받고 도로공사가 한국 대학졸업생들이 취업하고 싶은 회사의 상위권에 속한다는 사실을 까맣게 몰랐기 때문이다.

담당 공무원을 따라 도로공사를 방문하니 예상 밖으로 큰 회사였다. 도로공사 본사는 성남시에 있었다. 고속도로를 관리하고 건설하는 민간으로 치면 대기업이었다. 에디는 직장 생활에 적응하려고 열심히 노력했다.

하지만 이북에서 내려온 사람이 낙하산으로 회사에 들어왔다고 비아냥거리는 소리가 들렸다. 에디는 의지할 데라고는 아무 데도 없었다. 서운하고 힘들었다.

무엇보다 도로공사 업무에 적응하기가 쉽지 않았다. 한국의 고등교육을 제대로 받아보지 못한 에디에겐 사실상 무리였다. 컴퓨터 사용방법, 서류 기안 작성 등 기초적인 교육을 받지 못했다. 누구도 제대로 가르쳐 주지 않았다. 스스로 연습해야 했다. 같은 과의 대리나 과장도 업무를 대충 설명해 줬다. 동료나 상사도 자신들의 업무가 바빠 신경을 써줄 여유가 없었다. 처장실에 기안 서류를 들고 보고를 하러 가서 꾸중을 듣기도 했다.

이래저래 회사에서 겉도는 신세로 전락했다. 어떤 직원은 "어떻게 이렇게 일 처리를 하느냐?" "한심하다."라고 비아냥거리기까지 했다.

비아냥거림보다 더 힘든 게 있었다. 돈을 모을 수 없다는 불안감이었다. 항상 가슴 한 곳을 짓눌렀다. 도로공사 초년병 직원은 100만 원 남짓한 월급을 받았다. 이 월급으로 언제 집을 사고, 결혼하며, 이북에 있는 가족을 어떻게 도울 수 있을까, 라고 고민했다. 계속 생각하면 무력감마저 들었다.

같은 회사의 또래 동료들에게 고민을 털어놓았지만 아무 소용이 없었다. 그들은 "부모로부터 물려받을 집이 있다." 혹은 "30년 정도

저축하면 집을 마련할 수 있다."라고 동문서답을 했다. 에디와는 전혀 딴 세상 이야기였다. 에디에겐 서울에 부모 형제도 없고 의지할 데가 없었다. 믿을 건 자신밖에 없었다. 부모형제를 어떻게든 도와 줘야 한다는 의무감이 에디를 항상 떠나지 않았다. 점점 깊은 고민에 빠져들었다.

결국 고민을 거듭하다가 퇴사를 결심했다. 대학교육을 새롭게 받고 또 개인 사업을 시작해 보란 듯이 큰돈을 벌고 싶었다.

에디는 고려대학교에 입학했다. 이어 출판사의 제의를 받아 『북한의 지리여행』이라는 책을 냈다. 출판사는 청진광산금속공업대학 지질공학부 지구물리탐사과를 다닌 에디의 학력에 주목했다.

에디는 북한의 자연, 지리, 풍습, 지질상태를 연구하기 위해 북한 전역을 수차례나 일주한 특별한 경력의 소유자다. 북한 주민들은 자유롭게 여행을 할 수 없다. 3백여 쪽 분량의 이 책 전반부는 북한의 고속도로와 일반 국도, 철도, 공항, 항만시설 및 그 이용 실태, 강, 하천 및 호수, 광물자원 등에 대한 내용을 담았다. 중반부는 광복거리 등 평양의 주요 거리와 주택사정, 대학현황, 공장, 기업소, 발전소 등 산업시설을 자료사진과 함께 소개했다.

군인이었던 아버지의 임지를 따라 8차례나 자강도 강계, 평양시 용성구역, 남포시 와우도 구역, 황해북도 황주군, 사리원시, 강원도 철원군, 함경북도 경성·무산군 등으로 자주 이사를 다닌 게 이 책을 쓰는 데 큰 도움이 됐다.

북한의 지리여행은 발간되자마자 큰 주목을 받았다. 유홍준 전 문화재청장의 『나의 문화유산 답사기』 인기에 편승한 덕을 크게 봤다. 방송에도 고정 출연하게 됐다. 운이 참 좋았다. 남한 사회에서 북한에 대한 관심이 증폭하던 시기였던 것도 타이밍이 절묘했다.

KBS 보도국의 제안으로 당시 인기 프로그램인 '남북의 창'에 고정 리포터 겸 작가로 일하게 됐다. 남북의 창 프로그램 제작팀은 차장 1명, 아나운서 1명, 기자 1명, 에디 그리고 촬영팀으로 이루어져 있었다. 북한의 이모저모의 코너에서 에디는 초고를 작성했다. 팀 내부 토론을 거쳐 초고는 수정 보완됐다. 에디가 출연하는 녹화 방송 분량은 일주일에 1회, 3분 정도였다.

'이모저모'의 아이템은 에디가 남과 북에서 살면서 경험한 소재들이었다. 그때그때 주제에 따라 현장을 옮겨 다니며 촬영했다. 남한의 시장과 북한의 장마당을 비교하면 남대문 시장이나 영등포 시장을 찾아 현장 촬영을 했다. 남한과 북한 대학을 비교할 때는 연세대나 이화여대를 가기도 했다.

에디는 이 프로그램을 약 6년간 진행했다. 방송 덕분에 꽤 알려졌다. KBS 9시 뉴스와 각종 북한 관련 뉴스에도 해설자로 가끔 등장했다. 또 KBS와 MBC, SBS 라디오 방송 등 여러 방송에 출연했다. 서서히 방송인이 돼 갔다.

가는 곳마다 에디를 알아보는 사람들이 생겨났다. 식당에 가면 환대와 더 좋은 서비스도 받았다. 주변 사람들은 총각으로 계속 있지 말고 여자를 사귀라며 소개를 해주겠다고 했다. 적극적으로 다가오는 여성들도 있었다.

방송활동을 하면 얼굴이 알려진다. 적지 않은 이점도 있었다. 하지만 방송활동을 지속하기가 여러 가지 면에서 힘들었다. 불편한 점이 한두 가지가 아니었다. 우선 모든 행동이 자유롭지 못했다. 주변 사람들의 눈치를 보며 말하고 행동해야 했다. 강박관념이 생겼다. 에디는 자유롭고 편안하게 자신의 방식대로 살고 싶어 북한을 떠났다. 방송활동이 또 하나의 구속이 될 수 있다고 여겨졌다. 또 무역과 컨설팅 사업을 점점 크게 벌이면서 더는 방송인으로 활동하기는 어렵다고 판단했다. 결국 2000년부터 방송활동을 스스로 그만뒀다.

평양옥류관 서울분점…정주영 회장도 단골

에디는 고려대학교에 다니면서 친구와 함께 정보제공 사업 (Information Provider)을 시작했다. 남한에서 시작한 첫 사업이었다. 천리안, 나우누리, 유니텔 등 전자미디어 업체에 북한의 신세대 뉴스와 사업 아이템을 매주 유료로 제공했다. 당시엔 이들 업체가 첨단 매체였다.

북한 투자사업 정보를 전자통신 업체들에 단독으로 제공하며 적지 않은 돈을 벌었다. 한 달 매출이 500만 원을 넘었다. '신세대X파일'이라는 신개념 정보 제공자로도 유명해졌다.

이런 내용을 소재로 낸 책이 『북녘의 신세대 X파일』(한뜻 펴냄)이다. 남한에 '야타족'이 있다면 북한에는 '야좀타자족'이 있다며 남한과 북한의 서로 비슷하면서도 다른 신세대들의 모습을 대비시켜 평양과 북한 각지에서 생활하고 있는 북한의 신세대 문화와 가치관, 살아가는 모습을 재미있게 소개했다. 북한에는 재미교포나 재일교포 친척이 있는 주민들이 간혹 자가용을 끌고 다니는데 북한 여성들은 자가용에는 몹시 약해 속으로 '야, (나도)좀 타자'하고 있다가 자가용 운전자가 유혹하면 너나 없이 넘어가는 여성들을 '야좀타자족'이라고 부른다는 것이다. 이 책은 •압구정동과 창광거리 •남한의 야타족과 평양의 야좀 타자족 •미스코리아와 기쁨조 •노래방과 온치(음치) •포르노 테이프 유행 등 1백4개의 소제목으로 구성됐다.

3년 이상 축적된 정보와 기술을 바탕으로 에디는 NK(북한) 컨설팅 회사를 창업한 데 이어, 북한과 교역을 전문으로 하는 무역업체를 설립했다. 북한과 교역하던 업체들을 대상으로 사업 아이템들을 제공하며 사세를 확장했다. 북한의 제품과 생산품을 한국으로 수입하는 사업도 성공을 거뒀다.

김대중 정부 출범을 계기로 '햇볕정책'이 본격화되면서 남북한의 관계가 해빙기에 들어섰다.

햇볕정책은 김대중 정부가 추진한 대북 유화정책의 기조를 지칭한 용어로, 화해와 포용을 바탕으로 남북한 교류와 협력을 증대시켜 북한을 개혁·개방으로 유도하는 대북정책을 말한다. '대북 포용정책(Engagement Policy)'이나 '대북 화해 협력정책'도 같은 의미를 가진 용어이다. 햇볕정책이란 말은 김대중 대통령이 1998년 4월 3일 영국을 방문했을 때 런던 대학교에서 행한 연설에서 처음 사용했다. 그 뒤부터 널리 사용됐다. 겨울 나그네의 외투를 벗게 만드는 것은 강한 바람(강경정책)이 아니라, 따뜻한 햇볕(유화정책)이라는 이솝 우화에서 인용한 말이다. 비료 지원 및 쌀 지원, 고(故) 정주영 현대그룹 명예회장의 북한 방문, 금강산 관광사업 등이 햇볕정책을 기조로 실시된 것

들이다. - [네이버 지식백과] 햇볕정책(시사상식사전, pmg 지식엔진 연구소)

에디는 남북교류가 활성화될 것으로 판단, 북한에서 생산한 메밀을 이용한 평양옥류관 서울분점 사업을 추진했다. 당시 주변에서 투자자금으로 18억 원가량을 끌어 모았다.

평양 옥류관 전경

이 자금을 자본금으로 삼아 주식회사 옥류관을 1998년 11월 설립했다. 조총련계 기업의 중개를 통해 북한 내각 직속 대외봉사국 산하 조선옥류관무역회사와 분점 개설에 대한 계약을 체결했다. 북한에서 물자 반출은 대남교역권을 가진 조선개선무역총회사(전 광명성총회사)가 일괄 수행했다.

물자는 남포와 인천 간 직항로를 이용해 북한에서 직반입했다. 옥류관 개점 직전 반입 물량은 메밀 9,480kg, 찰수수 1,520kg, 수저, 냉면 그릇, 접시 각각 1천 개 등에 달했다. 이외 북한의 공훈예술가 문화춘의 조선화 '옥류관전경', 김정철의 조각 '선녀상'과 자수 제품 등을 반입했다.

주식회사 옥류관 대표이사는 김영백 씨가 맡았다. 음식조리장은 평양옥류관에서 북한 냉면 비법을 전수한 재일조총련계 동포 요리사 박수남 씨가 맡았다. 박수남 씨는 냉면 제조 비법을 전수할 때 가장 애를 먹은 것들 중의 하나는 냉면 맛을 좌우하는 육수 제조법을 알아내는 일이었다고 했다. 그는 수년 동안 공을 들인 끝에 비법을 전수할 수 있었다. 북측 요리사는 박씨의 노력에 감동, 냉면 외에도 쟁반국수, 꿩고기 국수, 평양 왕만두, 회국수 등 다양한 요리법도 전수해 줬다고 한다.

평양옥류관 냉면 서울분점은 1999년 5월 3일 낮 12시 서울 강남구 역삼동 823번지에서 역사적인 개점식을 했다.

평양옥류관 서울 분점 개점식

이 자리에 강영훈 전 국무총리가 직접 참석해 축사를 했다. 김덕룡 한나라당 의원, 정대철 국민회의 부총재 등 여야 정치적 거물들과 조남호 서초구청장 등 VIP를 비롯해 음식점 직원과 협력업체 관계자 등 300여 명이 대거 참석했다. 한마디로 성황을 이뤘다.

개점식 다음 날부터 본격적으로 손님을 받기 시작했다. 옥류관 개점 소식은 방송과 신문에 크게 보도됐다. 최고 맛집으로 소문이 났다. 하루 매출액이 어마어마했다.

서울, 경기 지역 실향민들이 대거 몰려왔다. 부산, 목포에서 실향민 어른들은 옥류관 냉면 맛을 남한에서도 보게 됐다며 아침부터 비행기까지 타고 와서 줄을 서서 기다렸다. 줄은 100m 이상 길게 늘어나기도 했다. 대기표를 나눠줬다. 손님들이 지치지 않도록 그늘 밑에서 쉴 수 있는 공간을 별도로 마련하기도 했다.

국회의원, 유명연예인, 기업인 등 유명인사들도 많이 찾아왔다. 특히 실향민 출신 정주영 현대그룹 회장이 자주 들렸다. 정 회장의 고향은 현재 북한 지역인 강원도 통천이다. 정 회장이 방문할 때는 사전에 많은 준비가 필요했다. 비서진이 며칠 전에 식당을 찾아왔다. "회장님은 움직이기 불편하시니 2층 룸에 못 올라가신다. 따라서 1층 홀에 칸막이를 해서 다른 사람들이 보지 못하게 해달라." 는 등등의 주문을 했다. 정 회장 방문 당일에는 에디가 문 앞에 나가 직접 맞이했다. 정 회장은 동생인 정세영 회장 등 5~6명을 대동하고 왔다.

에디는 명실상부한 한국의 최고 기업가인 정 회장을 맞이하는 데

온갖 정성을 다했다. 직접 앞치마를 하고 정 회장 일행이 식사하는 곁에서 음식을 날라주는 직원들을 거들었다. 정 회장은 식사 후 직접 지갑을 꺼내 계산을 했다. 아마 에디 기억에 한번은 10만 원권 수표 3장을 밥값으로 꺼냈다.

에디가 "회장님이 찾아 주신 것만 해도 영광입니다. 돈은 안 내셔도 됩니다."라며 밥값을 사양하자, 정 회장은 에디에게 귓속말로 "돈 벌자고 하는 노릇인데…." 하며 빙그레 웃었다. 그리고 거스름돈을 받지 않고 그냥 나갔다. 그때 음식값은 28만 원이었다.

그해 10월에는 롯데그룹에서 전국 백화점에 분점을 내자고 했다. 특히 롯데월드 안의 인공섬에 공동으로 특별 분점 사업을 같이 하자고 제안하기도 하였다. 또 경기도 분당, 전남 목포, 대전 등지에 6개가량 분점을 내고 경기도 가평지역에 식품공장까지 만들어 회사를 크게 키우자고 했다.

금강산 사업을 벌이던 현대그룹에서도 여러 제안을 했다. 금강산을 방문하는 실향민들을 서울 옥류관 분점에서 1차로 식사를 하게 하고, 강원도로 출발하도록 하는 패키지 프로그램을 제안했다. 장사가 워낙 잘 되는 데다 이미 전국에서 몰려와 줄까지 서서 기다리는 실향민 어른들 때문에 그 제안을 받아들이지 못했다.

옥류관 사업을 시작한 지 3개월 정도 되었을 때 현대그룹이 옥류관 사업에 욕심을 냈다. 현대그룹은 옥류관 서울분점 사업의 성공을 보면서, 북한 아태평화위원회에 판문점 지역에 북한과 현대가 공동으로 150억 원을 들여 평양옥류관 분점을 열자는 제안을 했던 것으로 알려졌다.

에디 측과 공식적으로 계약하고 계약금까지 받았던 북한당국이 갑자기 합작사업을 거부했다. 나중에는 조선중앙방송을 통해 비난하는 황당한 일이 벌어졌다.

이 같은 북한의 비난을 MBC가 전하면서 옥류관 분점 사업은 점차 내리막길로 들어섰다. MBC는 뉴스데스크 '[카메라출동] 더 깊어진 가짜 의혹 평양옥류관 서울점'이라는 리포트에서 "평양옥류관 서울점이 가짜라는 의혹을 단독 취재해 보도한 바 있다."며 "북한의 평양옥류관 측은 관영 중앙통신을 통해서, 옥류관 서울점과 계약을 체결한 적이 없다고 밝혔다."고 전했다. MBC는 또 평양옥류관 서울점은 북한 중앙통신의 공식 발표가 있고 난 뒤에도 영업을 계속하고 있고, 자신들의 계약에는 아무 하자가 없다고 강변하고 있다고 지적했다.(https://imnews.imbc.com/replay/1999/nwdesk/article/1782038_30729.html)

이 사건은 19년이 지나서도 화제가 됐다. 경향신문은 2018년 문재인 대통령과 김정일 국방위원장 정상회담에서 김 위원장이 평양냉면을 언급한 사실을 언급하며, 4월 27일 자 온라인판 서울에 '옥류관 서울분점' 있었다는 기사에서 평양옥류관 서울분점 개점과 이후 소송전을 자세히 언급했다.

이 신문은 옥류관 서울분점은 비슷한 시기에 개포동에 문을 연 다른 평양옥류관이 상표권을 주장, 상표 등 사용금지 가처분 소송을 제기하는 바람에 분쟁에 휘말렸으나 소송은 결국 무승부로 끝났다고 전했다.

서울지법은 1999년 8월 24일 "두 업체 모두 비슷한 시기에 독자적으로 옥류관 분점을 추진해온 만큼 어느 한쪽에 남한 쪽 독점권을 인정할 수 없고, 어느 쪽이 북한 측으로부터 진정하게 분점 개설권을 취득한 업소인지 여부뿐만 아니라 과연 이 음식점들이 과연 북한 평양에 있는 옥류관의 분점에 해당하는지 여부조차 분명하지 않다."며 가처분소송을 기각했다.(https://www.khan.co.kr/politics/north-korea/article/201804271624001)

현대가 제안한 옥류관 판문점 프로젝트도 남북 간의 이해관계가 얽혀 무산되고 말았다.

하지만 이 사건은 북한과 교류가 활발해지면 북한 원조상표를 둘러싼 상표권 분쟁이 일어날 수 있는 예고편으로 변리사업계의 주목을 받기도 했다. 특허법인 인벤싱크 김영두 대표 변리사는 '[상표변리사 김영두] 평양옥류관 냉면을 서울에서 먹을 수 있을까…옥류관 상표권 분쟁이야기'라는 제목으로 올린 블로그에서 옥류관 상표권 소송과 그 뒷이야기를 소개하면서 "북한과 여러 산업교류가 활발해지면 연관된 상표 이슈도 증가할 것"이라고 지적했다.(https://blog.naver.com/jewson222/221267486214)

상하이 영어전용 국제유치원…사스 급습에 물거품

옥류관 서울분점 사업을 접고 영국으로 어학연수 겸 유학을 떠났던 에디는 2000년 서울로 돌아왔다. 영국에서 만난 스위스계 친구와 함께 중국 시장에서 사업을 시작했다. 그는 독일계 스위스인으로 에디와 비슷한 30대였다. 러시아 유전에 투자하는 회사의 중역이었다.

영국 유학을 다녀온 에디는 스스로 세계인이라고 자부했다. 그동안 서울과 캐나다, 영국, 스위스, 독일을 다니며 국제감각을 익혀왔기 때문이다. 기회의 땅 상하이에서 새로운 투자 사업에 나섰다.

에디는 이머징마켓인 동아시아 특히 중국이 채권 시장으로서 매력이 있다고 설득했고 이 친구도 공감했다. 서로 자본금 50만 달러를 갹출했다. 상하이에 중국 국채와 회사채를 전문으로 하는 투자회사를 세우기로 합의했다. 당시 미화 1백만 달러는 아주 큰 액수였다. 중국의 외국인직접투자(FDI)에서 개인 투자금액으로는 적지 않은 규모였다.

에디는 합작기업 대표를 맡아 한인들이 많이 모여 사는 상하이 푸시(浦西) 구베이(古北) 지역에 사무실을 차리고 본격적으로 사업 인맥을 만들어나갔다.

베이징 중앙 정부 인맥을 통해 상하이 고위층을 소개받았다. 상하이 교육 당국은 영국계 영어유치원을 설립하자는 제안에 매우 긍정적인 반응을 보였다. 푸동(浦東)의 초등학교 부지를 선뜻 장기임대해 주겠다고도 했다. 영어국제유치원 및 초등학교를 세우는 조건으로 그 부지를 헐값에 인도하겠다는 것이었다.

아파트 5개 동이 들어 설 수 있는 큰 부지였다. 부지 3분의 1에 국제유치원을 설립하고 나머지는 주차장으로 사용하다 기회가 오면 30층짜리 아파트를 건립할 계획을 내부적으로 세웠다. 사업은 급속도로 진전되었다. 영어유치원 건설 허가도 착착 진행돼 갔다.

상하이 정부의 지원을 받아 추가 투자자금(유치원 건립을 위한 자금 미화 300만 달러)을 모집하기 시작했다. 상하이 현지에 사는 한국 출신 중국 화교 친구들도 이 프로젝트에 동참하기로 했다. 화교 친구들은 한국에서 태어났지만 한·중 수교 이후 상하이로 이주하여 강력한 투자자 그룹으로 활동하고 있었다.

당시 상하이 영어유치원의 입학금과 수업료는 일 년에 미화 3만 달러였다. 수요는 넘쳤다. 아이들이 2살만 되면 대기자 명단에 올려놓고 2년 이상 기다렸다. 최고 인기를 누렸다. 영어유치원을 추진한다는 소식을 듣고 안면이 있던 중국 거주 외국인과 중국 부유층 중에 30여 명이 자녀들을 유치원에 보내겠다며 예약금을 내겠다고 했다. 일부는 유치원 프로젝트에 투자하겠다고 제안하기도 했다.

이때 갑자기 큰일이 터졌다. '사스(급성호흡기증후군) 사태'가 중국에서 시작돼 전세계로 확산됐다. 사스로 중국에 주재하던 대부분 투자자와 외국회사들은 자국으로 철수하기 시작했다.

중국 내 위생 방역 및 외국인에 대한 대우와 차별 상황은 최악에 다다랐다. 적지 않은 외국인이 사스에 걸렸다. 해외에 이 사실이 보도될 것을 우려한 상하이 당국은 사스에 걸린 외국인 환자의 수 공개를 제대로 하지 않았다.

중국 병원이 외국인 환자들을 받았다가 환자가 잘못되면 해외언론에 보도될 수 있다는 점을 크게 우려했다. 그런 보도가 중국 정부의 권위를 훼손시킬 수 있다는 황당한 이유에서였다.

사스가 점점 더 최악의 상황으로 흘러가자 에디는 사업을 접을 수밖에 없었다. 동업자 친구는 유럽으로 돌아갔다. 에디는 한국으로 철수했다. 국제유치원 프로젝트는 첫 삽도 제대로 뜨지 못한 채 끝나고 말았다.

그로부터 2년 후, 사스 팬데믹이 어느 정도 누그러졌다. 에디는 다시 상하이를 방문했다. 그 부지를 그사이 차지한 중국 기업이 50층 아파트 3동을 짓기 위해 기초공사를 하고 있었다.

사스에도 불구하고 철수하지 않고 상하이에서 프로젝트를 추진했더라면, 어떤 결과가 나왔을지는 상상에 맡겨야 할 것 같다. 재력과 권력을 가진 상하이 부자 학부모들은 중국 투자사업을 벌이는데 에디의 든든한 인맥이 됐을 것이다.

무엇보다 땅값이 크게 올라 엄청난 시세차익을 누렸을 것이다. 가정이지만 말이다. 그랬다면 에디는 지금쯤 중국의 부호 리스트에 들어 있었을 것이다.

호주로 이민, 시드니 골프장 청소부

영국 연수 이후 한국으로 귀국하자 새로운 사업을 시작해야 했다. 영어 학원을 차렸다. 하지만 두 아이 사교육비가 너무 많이 나가는 데다 학원 사업 벌이도 넉넉하지는 않았다. 결국 아내가 호주 시민권자라 시드니로 가족과 함께 이민을 결행했다.

이민을 오기는 왔지만 영어가 완벽하지 않아 변변한 일자리를 구하기가 쉽지 않았다. 가장 먼저 선택한 직업은 청소부였다. 외국에 이민 간 사람들 속에 회자되는 격언이 있다. "이민 간 나라 공항에 어떤 사람이 마중을 나왔느냐에 따라 직업이 결정된다."

하지만 나 홀로 가족 이민이었던 에디는 시드니에 아는 사람이 없었다. 시드니에 도착하자마자 일거리부터 찾았다. 맨땅에 헤딩하듯이 일자리를 찾아 나서야 했다. 처자식 3명을 먹여 살리려면 고정 수입이 필요했다.

시드니에 도착한 다음 날부터 교민들이 많이 본다는 교민잡지 구인란을 살펴보았다. 에디 눈에 가장 먼저 들어온 문구는 청소 일자리였다. 보수는 '시간당 20달러, 새벽 4시간 일자리'였다. 새벽에 4

시간 일하면 일단 80달러를 고정적으로 벌 수 있었다.

나중에 알고 봤더니 호주에서 성공한 1세대 한인 이민자들도 청소부터 시작했다. 별다른 밑천이 필요하지 않은 데다 현금으로 돈을 안정적으로 벌 수 있었기 때문이다. 청소부터 시작해 성공한 분들은 그야말로 온몸을 받쳐 피땀을 흘린 끝에 나름의 보상을 받았다고 볼 수 있다. 한국인 특유의 성실성이 호주에서 통했다고 봐야 한다.

교민잡지 구인란에 나온 곳에 전화를 했다. 강 사장이 받았다. 그는 독실한 기독교 신자였다. 시드니에서 처음 만난 한인동포였다.

다음날부터 에디는 새벽 4시에 일어나 5시부터 9시까지 새벽일을 시작했다. '더 레이크(The Lake)' 라는 시드니에서 손꼽히는 고급 골프장 클럽하우스에서 청소를 했다. 클럽하우스에는 큰 연회장, 식당, 옷 갈아입는 공간, 화장실 등 청소할 곳이 많았다.

강 사장은 세밀한 청소가 필요한 곳을 맡았다. 에디는 초보자라 진공청소기를 등에 메고 2시간 이상 구석구석 클럽하우스를 청소하고, 다시 물걸레질을 두 시간 더해야 했다. 정말 힘들고 맥 빠지게 하는 중노동이었다. 1시간만 하면 등에서 땀이 나고 진공청소기가 뿜어대는 뜨거운 공기와 들썩거리는 진동 때문에 배가 고프고 나른해졌다. 잠깐 휴식 후 물걸레로 화장실 등을 닦고 나면 오전 9시 가까이 됐다.

에디는 아내가 싸준 음식으로 재빨리 아침 끼니를 때웠다. 이렇게 4시간 일하고 나면 피곤이 몰려왔다. 에디는 차에 누워 30분 눈을 붙이고 다시 대학원에 공부하러 갔다. 매일 저녁 10시 이전에 꼭 잠자리에 들어야 했다. 그렇게 하지 않으면 새벽 4시 기상은 거의 불가능했다. 새벽 3시 30분에 알람을 설정해놓고 잤다. 알람 소리는 정말 싫고 미웠다. 이런 생활이 3년 가까이 계속됐다. 이때가 일생에서 육체적으로 가장 힘들고 어려운 시기였다. 북한에서 살 때보다도 더 힘들었다.

우버 기사…87개 나라 1만여 명 실어 날라

우버는 호주 사회에 큰 변화를 가져왔다. 호주의 택시회사나 운전사들의 수입은 2015년 이전까지는 쏠쏠했다. 보통 택시기사들은 하루 평균 약 1,000달러를 벌었다. 택시 허가증(License)의 가격이 50만~60만 달러였다. 정보혁명의 산물인 차량공유(우버 및 리프트 등) 시스템이 호주에 들어오자 상황이 급변했다. 택시허가증도 10만 달러로 곤두박질했다.

우버는 기존 택시와 질적, 가격 경쟁에서 곧바로 우위를 점했다. 우버는 기존 택시 요금의 절반도 안 됐다. 호출하면 3분 이내로 도착했다. 시드니에서 큰 인기를 누렸다.

에디는 틈틈이 우버 영업을 했다. 아침 6시에 첫 손님을 태우고 공항으로 나갔다. 기본으로 60달러를 벌었다. 시드니 도심과 부촌이 몰려 있는 본다이(Bondai)와 쿠지 해변(Coogee Beach) 쪽에서 시드니 도심으로 출근하는 고객을 태우고 약 2시간 일하면 100달러가량을 벌었다. 저녁 시간 6시 이후에 시드니 도심에서 교외 지역으로 퇴근하는 직장인들을 2시간가량 실어 나르면 다시 80~100달러를 더 벌 수 있었다. 평일에는 200~250달러를 벌었다. 주말에는 아침부터 저녁까지 약 8시간에 400달러 정도 수입을 올렸다. 세금으로 약 10%를, 기름값으로 5%를 제하면 하루 평균 20만 원씩 벌었다. 일주일에 한화로 150만 원은 쉽게 벌 수 있었다.

우버의 단골고객들은 20대 후반에서 40대 사이 직장인들이었다. 직장인들이 많이 사는 시드니의 지역은 우버 기사들의 천국이었다. 에디가 살던 동네는 백인 중산층이 많이 살아 우버 영업에 안성맞춤이었다. 새벽에 공항으로 나가는 손님을 태우기 좋았다. 새벽 비행기로 멜본이나 골드코스트, 퍼스 등지로 당일 출장을 떠나는 사람들이 많았다.

때로는 젊은 백인 여성들이 빠른 영어 사투리로 말하면 알아듣기가 어려워 힘들 때도 있었다. 에디는 마음을 다잡고 점잖은 단어를 골라 썼다. 그래야만 손님들과 괜한 시비에 휘말리지 않기 때문이다.

주말 저녁에는 보기 힘든 장면도 많이 봤다. 19~21살 정도 되어 보이는 젊은 여성들이 집에서부터 술을 먼저 한잔하고 알딸딸하게 취해 우버 택시를 타고 시내로 들어갔다. 북한에서는 볼 수 없는 모습이라 신기했다. 나중에 알고 보니 술값을 아끼기 위해 미리 집에서 술을 미리 한잔하고 클럽이나 바에 가는 것이었다. 이를 '프리게이밍(Pre-Gaming)'이라고 한다고 했다. 우리말로 하면 '미리 한잔' 또는 '먼저 한잔하기' 정도로 번역할 수 있겠다. 미국 등 다른 나라에서는 프리게이밍을 '프리드링킹(Pre-Drinking)' '프리로딩

(Pre-Loading)' '프리파티(Pre-Party)' 등으로도 표현한다고 한다.
프리게이밍은 처음에는 술값을 아끼려는 것이지만 오히려 술이 술
을 부르는 지나친 음주의 원인이 될 수 있다는 사회적 우려를 사고
있다.(https://medicine.uq.edu.au/article/2019/08/queenslanders-
are-among-our-heaviest-drinkers-nights-out-and-changing-
culture-challenge 참조)

새벽 1시~3시까지 도심에서 거주지로 가는 우버는 일반 요금의
3~5배까지 뛰었다. 덕분에 30분 운전에 200달러를 벌기도 했다.

단골손님들도 있었다. 첫번째 단골은 밤업소에 나가는 20대 초
중반의 한인 여성들이었다. 이들은 초저녁에 일터에 나가 새벽 늦
게 일을 마쳤다. 하루는 이들이 에디가 모는 우버 택시에 여러 명이
한꺼번에 탔다. 몇 마디 주고받다 택시기사가 한국인이라는 사실을
알게 되자, 이들은 자신들의 출퇴근 시간에 맞춰 태워 달라고 요청
했다. 한국말이 통하는 동포라 마음이 푸근했던 모양이었다.

이들은 캔터베리 지역에 거주했다. 도심과는 15km 떨어져 있
었다. 왕복으로 태워주는 대가로 1인당 50달러씩을 받았다. 4~5명
씩 저녁 6시에 2차례 일터로 데려다주고 새벽 2~3시에 두 차례 집
으로 태워다 줬다. 출근할 때는 즐겁게 농담을 주고받았다. 돌아오
는 새벽에는 지치고, 화가 잔뜩 난 표정이었다.

이들은 가끔 저녁에 어떤 일이 일어났는지 이야기했다. 고객들을
상대하다가 생긴 고민을 털어놓기도 했다. 한번은 받아야 할 수수
료를 제대로 못 받아 업소 사장과 담판해야 한다며 도와달라고 간

청을 했다. 간청에 못 이겨 직접 업소 사장을 만나 담판을 벌인 적도 있다. 단골 기사를 6개월가량 했다. 먼 나라 이국땅에서 밤잠도 제대로 자지 못하고 일하던 아가씨들을 생각하면 지금도 가슴 한편이 짠하다.

이따금 우버 승객이 돼 보기도 했다. 한번은 고급 승용차(페라리) 우버 드라이버의 차를 타고 이야기를 나눈 적이 있다. 당시 에디는 급한 일이 있어 러시아워 때 통상 요금의 3배를 지불해야 하는 고급 우버를 불렀다.

페라리 기사가 30대 중반 중국계였다. "왜 이 좋은 차로 우버 영업을 하냐."라고 물었더니 전혀 예상치 못한 답변을 했다. 집에 들어가면 와이프가 귀찮게 해서 차 몰고 손님들과 얘기하고 용돈 버는 재미로 우버 영업을 한다고 했다. 그때 참 많이 웃었다.

우버 영업을 3년 가까이 했다. 우버 회사 드라이버 앱에 이런 문자가 떴다. "우버 기사님, 당신이 자랑스럽습니다. 87개국에서 온 1만 명 이상의 손님을 태웠습니다.(We are proud of you as our Uber Driver, you have driven for more than 10,000 clients of 87 nations.)" 그동안 87개 나라에서 온 1만 명 이상의 승객을 시드니에서 우버 택시로 실어 날랐다는 것이다.

승객들은 이탈리아 이민자, 프랑스인 워킹홀리데이 학생, 미국인 여행자, 중국인 여행객과 유학생, 한국인 여행자와 비즈니스맨, 일본인 사업가, 남아공 이민자 그리고 인도인 관광객이었다.

특히 이탈리아 이민자들을 많이 태웠다. 이탈리아 경제 상황이

안 좋아 호주로 이민 오는 숫자가 갑자기 늘어났다. 그들은 주로 남부 출신들이었다. 영어 말투가 어눌했지만 순수했다. 호주 사회를 동경하면서 희망을 품고 살아가려는 사람들이라는 인상을 받았다. 프랑스에서 워킹홀리데이를 온 여대생들은 갑자기 늘어난 아프리카 이민자들로 프랑스의 공공질서와 안전을 염려했다. 호주 남자를 만나 호주에 정착하고 싶어 했다.

카센터 설비 세일즈…꿩 먹고 알 먹고

에디는 뉴사우스웨일즈대학교(University of New South Wales, UNSW) 대학원 시절 정규직으로 회사도 다녔다. 세일즈 부장으로 일했다. 세일즈는 힘든 대신 실적만큼 성과급을 받을 수 있어 적성에 맞았다.

호주나 유럽에서 수입품에 마진을 많이 붙여 팔았다. 세일즈는 대학원에 다니는 에디에게 돈도 벌고 공부도 할 수 있는 맞춤형 틈새시장이었다. 한마디로 꿩도 먹고 알도 먹는 일자리였다.

중소규모 세일즈 회사에서 세일즈 담당 부장을 맡았다. 카센터 장비를 카센터에 파는 영업을 했다. 승용차 페인팅을 하는 페인팅 룸(4만~5만 달러), 자동차를 들어 올리는 리프트, 자동차 조형 장비, 오일 교환 장비 등 각종 장비를 판매했다. 이들 장비는 한국이나 중국에서 수입했다.

일하는 시간 선택이 자유로운 유연 근무가 가능했다. 출근은 일주일에 두 번 하고 나머지 시간은 스스로 알아서 일했다. 카센터 방문 결과를 일주일에 두 번 정도 회사에 보고했다.

에디는 오전에 시드니 주변 카센터 10여 곳을 집중적으로 방문, 친분을 쌓았다. 늦은 오후에는 대학원으로 향했다.

카센터 주인의 절반은 백인들이었다. 나머지는 인도계와 이탈리아계, 중동계 그리고 아시아계였다. 이들에게 설비를 판매하려면 카센터를 수시로 방문해야 했다.

에디는 서두르지 않았다. 우선 설비판매 금액이 커 카센터 사장들이 선뜻 구매하기 쉽지 않다는 생각을 했다. 카센터를 처음 방문했을 때 얼굴을 익히려고 노력했다. 가족 관계 등에 대한 이야기로 안면을 먼저 텄다. 두 번째 방문했을 때도 설비판매 이야기는 꺼내지 않았다. 세상 돌아가는 이야기를 하다가 돌아왔다. 어느 순간 카센터 사장이나 구매 담당이 "너네 제품 품목을 좀 줘봐라, 가격표도 좀 주고…."라고 말을 먼저 걸어왔다. 그러면 "필요할 때 전화 주세요, 가격 협상은 천천히 합시다."라며 제품설명서와 명함을 건네고 나왔다. 이런 과정이 지나면 카센터 사장들은 대개 "샘플 설비를 보고 싶다."고 말을 했다. 이때부터 본격적인 세일즈를 시작했다. 설비 하나를 파는데 짧게는 4주, 길게는 6~7주가 걸렸다.

에디는 15% 할인이나 3개월 할부 판매를 시도했다. 나름의 이유가 있었다. 카센터 사장이 필요한 모든 설비를 에디 회사에서 사도록 하려는 큰 그림이 있었기 때문이다.

이런 방식으로 약 2년간 자동차수리 관련 설비를 수백만 달러어치나 판매했다. 고정 수입 외에 판매 특별수당까지 받았다. 영어는 조금 서툴렀지만 당당하고 친근한 모습으로 카센터 주인들에게 다

가간 결과였다. 기대 이상이었다. 대학원에 다니면서도 가족 부양
도 책임질 수 있을 만큼 벌었다

   또 수백 명의 카센터 사장과 구매담당자들을 만나 세일즈를 하면
서 영어 회화 실력도 나날이 늘었다. 까다로운 문장을 사용하는 사
람들을 만나도 소통하는 데 어려움이 없게 됐다. 영어로 소통이 원
활해지자 에디는 호주회계사의 꿈에 한 걸음 더 다가서게 됐다.

마침내 호주회계사

에디는 주경야독 끝에 호주의 4대 대학인 사우스웨일즈대학교 (University of New South Wales, UNSW) 경영대학 회계전문대학원을 졸업했다. 회계전문대학원을 졸업하면서 회계사 자격을 취득했다.

처음에는 중소규모 회계법인에 취직했다. 보통 호주회계사들은 멋진 와이셔츠에 양복을 입고 사무실에 앉아 고객들을 상대한다. 에디는 사무실에만 앉아있지 않고 고객을 찾아 나섰다. 회계사들이 가장 힘들어하는 게 마케팅이다. 발품을 팔며 고객을 찾아다녔다.

한번은 에디가 자동차정비 회사의 사장을 만났다. 그는 "에디, 당신은 시드니 회계사답지 않아 좋아, 이렇게 자주 만나니 신뢰가 생긴다."면서 "이제부터 회계 업무를 자네에게 맡기겠네."라고 했다.

이런 성과 덕분에 얼마 안 돼 회계법인의 파트너로 승진했다. 적지 않은 보수와 함께 차량 지원도 받게 됐다. 에디의 공격적인 마케팅을 따라 하는 회계사들이 늘어났다. 회계사가 직접 현장을 다니며 하는 마케팅이 유행이 됐다.

노틸러스연구소 · UNDP와 북한 자원개발연구 프로젝트

에디는 미국 유명 연구소의 연구원으로 북한 광물자원개발 연구 프로젝트에 참여한 적이 있다. 북한의 천연지하자원개발에 미국과 호주 기업들이 큰 관심을 가지고 있다. 글로벌 자원개발 업체들은 소비국가들과 가장 가까운 지역에서 광물을 싸게, 직접 생산해 팔려고 한다. 북한의 지하자원 개발이 이들 국가의 이해관계에 가장 잘 맞아떨어진다. 호주 광산기업들은 오래전부터 북한 광물 자원 연구 및 개발에 큰 노력을 기울여왔다. 북한과 인접한 일본, 한국, 대만, 중국 등 동북아 지역이 경제비중 면에서 전세계의 40%에 육박하고 지하자원 개발과 수입에 막대한 영향력을 가진 지역이기 때문이다.

호주 시드니 UNSW 회계전문대학원에 다니면서, 미국과 영국의 연구소와 기업 등에 북한자원 관련 연구프로젝트를 제안하는 이메일을 보냈다. 북한과 서울, 런던, 시드니 등에서 쌓은 연구 경력을 자세하게 소개하는 프로필도 함께 첨부했다. 이메일 자료를 받아본

연구소와 기업에서 상당한 관심을 표했다.

UNDP(유엔개발기구)도 공동연구를 제의했다. UNDP는 당시 북한 무산철광산 개발을 대규모로 추진 중이었다. 주변 지역에 미치는 환경보호와 관련한 프로젝트도 구상하고 있었다. 에디의 전공과 영어 능력, 호주 국적자 신분이 공동연구자 조건에 적합하다는 평가를 받았다.

이 프로젝트를 진행하려면 북한의 무산지역을 직접 방문, 현지답사가 가능해야 했다. 국적이 호주라는 게 에디에게 유리하게 작용했다. UNDP는 북한 정부와 협의를 통하면 에디의 현지 방문도 성사시킬 수 있을 것으로 봤다.

이 프로젝트는 처음엔 UNDP의 계획에 따라 순조롭게 진행되는 듯했다. 하지만 북한의 핵 실험으로 미국과 UN 등 서방국가들의 대북 제재가 본격화되면서 더 이상 진척을 보지 못했다. 에디의 공동연구 참여도 시작 단계에서 무산됐다.

북한 관련 연구로 이름난 미국 캘리포니아 버클리에 있는 노틸러스 연구소(Nautilus Institute)에서 연락이 왔다. 노틸러스연구소 소장인 피터 헤이즈 박사가 직접 연락을 했다. 헤이즈 박사는 호주 시드니 대학교의 국제안보연구센터 겸임교수이기도 했다. 노틸러스연구소는 미국정부와 여러 기관에서 자금 지원을 받아 북한과 동북아시아 에너지 관련 연구프로젝트들을 진행했다.

헤이즈 박사는 자신이 주도하는 북한 지하자원의 잠재력을 평가하는 프로젝트에 참여하려면 에디의 경력과 연구 능력을 보증해줄 수 있는 2명의 권위 있는 전문가의 추천서가 필요하다고 했다.

에디는 지도 교수였던 권수영 고려대 경영학과 교수에게 추천서를 부탁했다. 그리고 시드니 UNSW의 한국계 교수 한 분도 추천해 주겠다고 약속했다. 그런데 한국계 교수는 사정이 생겨 추천할 수 없게 됐다. 외국 대학에서 추천서를 받기는 여간 어렵지 않다. 헤이즈 박사의 연구프로젝트 제안이 물 건너가는 것이 아닌가 하는 생각에 마냥 가슴을 졸여야 했다.

지푸라기라도 잡는 심정으로 에디는 SOS를 쳤다. 고려대에 입학하자마자 만나 그때까지 20년 가까이 인연을 이어온 필자에게 안부 메일을 보냈다. 필자는 연합뉴스 특파원으로 미국 수도 워싱턴 D.C.에 나가 있었다. 추천서를 써 줄 수 있겠냐고 물었다. 필자는 잠시 망설였지만 곧바로 추천서를 써주겠다고 했다. 헤이즈 교수는 교수의 추천서도 좋지만, 에디가 한국에 온 이후 줄곧 지켜봤고 북한과 북미관계 등의 취재를 맡고 있는, 워싱턴 특파원이 추천해 준다면 충분하다고 했다. 헤이즈 교수는 직접 필자에게 전화와 이메일을 통해 에디 관련 상황을 문의했다.

에디는 권수영 고려대 지도교수와 워싱턴 특파원의 도움을 받아 2개의 추천서를 제출할 수 있었다. 노틸러스 재단에서 펀딩한 자금을 받아 약 8개월에 거쳐 관련 프로젝트를 진행했다. 이 프로젝트를 위해 시드니에서 서울, 베이징, 다롄 등으로 자료 탐색 및 관련자 인터뷰 등을 위해 약 3차례 동아시아 출장을 갔다. 온갖 심혈을 다하여 연구프로젝트를 완성했다.

헤이즈 박사와 진행한 연구 논문은 구글에 'Edward Yoon, DPRK Natural Resource'로 검색하면 곧바로 나온다.(https:// nautilus.org/wp-content/uploads/2011/12/DPRK-Minerals-Sector-YOON.pdf)

노틸러스 연구소가 2011년 1월 6일 게재한 논문 '북한 지하자원의 현황과 미래(Status and Future of the North Korean Minerals Sector)'에는 회계사 겸 북한자원 분야 전문가 에드워드 윤이 작성자로 표기됐다.

논문의 결론은 간단하다. 북한에서 해외투자가들에게 지하 광물자원 개발 투자수익을 가장 많이 올릴 수 있는 잠재력 가진 지역은 무산과 은율이다. 북한 최대 김책과 황해공업소를 활용하면 광물 채굴과 철광 생산 그리고 수출 운송비용을 절감해 수익을 기대할 수 있다.

금광과 동광을 개발하면 수송비용이 적어 투자이익이 기대된다. 단촌 마그네사이트 광산도 중국과 미국 수출용으로 개발할 여지가 있다. 당국끼리 전략적인 '윈윈투자'가 가능하도록 추진해야 한다 등이었다.

이 논문은 북한자원 관련 연구를 하는 연구자 및 기업들에게 국제적으로 널리 알려졌다. 에디의 인맥을 크게 넓히는 결정적 역할을 했다. 이 프로젝트에 참여한 것을 계기로 에디는 국제적으로 북한 자원개발 비즈니스 관련 유명 투자 어드바이저로 인정을 받았다. 세계적으로 유수한 투자 기업들과 손잡고 대북투자 활동에 참여하게 됐다.

에디는 2017년 베이징에서 열린 북한광물자원 관련 국제 학술토론회에 초대받아 미국, 러시아, 중국, 일본의 동아시아 전문가들을 대상으로 북한자원개발 방향성에 대해 발표를 했다. 당시 관련 연구자들로부터 큰 호응을 받았다. 특히 2015년 한국정부 관련 기관인 한국지질연구원과 광물자원공사 그리고 통일부 등이 함께 마련한 '북한광물자원투자 관련 콘퍼런스'에 단독 연사로 초대받아 3시간에 걸쳐 발표를 하기도 했다. 이 콘퍼런스는 비공개로 진행됐다.

개성상인 DNA는 못 숨겨

개성공단은 지금은 가동을 멈췄지만 남북화해와 경제협력의 상 징이었다. 공단이 자리한 고려의 수도 개성은 유서 깊은 역사의 도 시다. 한반도에서 무역과 상업활동을 주도해온 개성상인의 혼이 깃 든 곳이다.

고려 수도 개성 부근의 벽란도는 중국과 왜(倭)국 상인을 비롯해 아라비아 상인들까지 들끓었던 세계적인 무역항이었다. 오랜 기간 이어진 국제무역은 개성상인들이 세계 최초로 복식부기를 만들어 내는 데 촉매가 되었을 것이다.

개성상인은 송상, 송도상인 등으로 불렸다. 그 뿌리는 오래됐다. 당나라 때부터 무역에 종사해 부를 축적했다. 고려 때는 송나라와 아라비아, 왜(倭)와 무역을 했고 조선시대에는 행상조직과 객주상 권을 전국적으로 확대 조직화해, 지방 생산품을 대규모 매매하며 전국 상권을 휘어잡았다. 인삼재배와 가공, 광산개발, 홍삼무역 등 에 손을 댔다.

태조 이성계가 조선왕조를 연 뒤 고려 사대부들이 관직 진출 길이 막히자 살아남으려고 장사에 뛰어들면서 개성상인들이 더 주목을 받았다는 설도 있다. 이들은 독특한 장부 정리 방식인 '사개치부법(四介治簿法)'이라는 복식부기를 창안했다.

문화재청은 2014년 개성상인 집안에서 쓴 회계장부를 등록문화재로 지정했다. 인삼 장사와 금융업을 한 박재도 가문에서 25년 동안 쓴 복식부기 장부에 30만 건의 거래내역이 빼곡하다. 대차대조표, 손익계산서에서 이익잉여금 배분에 이르기까지 현대식 복식부기 방식이 완벽하게 들어 있다고 한다.(https://www.chosun.com/site/data/html_dir/2014/02/27/2014022704142.htm 조선일보 [만물상] 개성상인의 복식부기 2014.02.28 참고)

개성상인을 두고 북한 사람들이 농담처럼 주고받는 이야기가 있다. 개성 깍쟁이는 여름에 아무리 더워도 부채질을 하지 않는다. 옆 사람에게 자기 부채에서 나오는 바람이 가는 것을 염려해서 그런다는 것이다. 상술이 너무 노련하면 질투가 저절로 나오기 마련이다.

K-문화(Culture)와 함께 요즘 새롭게 주목받는 한국기업들의 정신, K-기업가의 뿌리도 개성상인들에게서 찾을 수 있다.

에디의 사업가 기질은 어디서 생겨났을까? 자본주의 시장경제체제와 거리가 먼 사회국가에서 교육받은 에디는 한국에 와서 친구들과 주변 사람들로부터 서울에서 나고 자란 사람들보다 더 자본주의 시장경제에 적합한 기질 즉 DNA를 타고 난 것 같다는 말을 종종 들었다.

북한에서 월남한 친척이 남한에서 고위공직자라는 사실이 관계 당국의 조사과정에서 드러나는 바람에, 아버지의 장성 진급뿐만 아니라 유학생 선발 시험 합격도 모두 물거품이 됐다. 그때 돈이라도 벌겠다고 시작한 게 평양에서 시작한 골동품 중개였다.

듣기 좋은 말로 하면 일본인 골동품 상인들을 겨냥한 외화벌이 사업이었다.

1980년에 평양 대학생과 대학원생들 사이에 나름대로 돈벌이 사업을 해야 인정받는 분위기가 있었다. 외화벌이 사업을 해야 멋지고, 능력 있는 사람으로 통했다.

에디는 돈이 사람의 계급을 결정하는 평양에서 살아남기 위해 골동품 중개사업에 본격적으로 뛰어들었다. 거래 품목은 서예작품과 그림, 도자기, 오래된 화폐 등 골동품과 외국산 담배, 술, 서적 등이었다.

이때 터득한 장사 수완이 한국에 와서 더 강하게 발현된 것 같다고 에디는 생각한다. 물론 고려대 경영학과를 다니며 자본주의의 이론과 기업인으로서 갖춰야 소양을 배운 것도 에디가 사업가로 투자전문가로 성장하는 데 훌륭한 자양분이 됐을 것이다.

고려대학에서 에디는 비즈니스를 위한 고급호텔 식사 예절을 배우고 골프 수업도 들었다. 또 친구들과 대학시절 컨설팅 회사를 운영했다. 나름 적지 않은 돈을 벌었다. 자본주의 사회에서 돈이 가져다주는 성취감도 맛봤다. 에디는 30여 년간의 경험과 경제지식을 토대로 삼아 북한투자전문 호주회계사로 북한의 천연자원 개발에 기여를 하려고 한다.

북극의 빙하가 녹으면 그 속 맘모스도 깨울 수 있는 시대다. 맘모스의 DNA를 복제해 새 맘모스를 탄생시킬 수 있다. 에디는 사회주의 국가에서 나고 자랐지만 사회주의 체제에서 받은 교육에 구속되지 않았다. 자본주의 시장경제체제인 한국에 오자마자 자신도 모르게 몸속에 있던 개성상인 DNA가 되살아났기 때문이라고 생각한다.

두만강과 장백산맥 넘어 목숨 건 탈북

아버지의 세계지도…바깥세상 나침반

에디의 고향은 조선민주주의인민공화국(북한) 자강도다. 자강도는 평안북도 위 압록강 중류에 있는 험준한 산간지대다. 예로부터 산세가 아름답고 물맛이 좋기로 소문이 났다. 강계 간장도 최고로 알아준다. 또 강계는 미인이 많이 태어나는 고장이며 포수와 산삼이 유명하다.

에디는 1966년 자강도의 도청 소재지인 강계시에서 태어났다. 우리 모두 어느 나라, 어느 마을, 누구의 품에서 태어날지 모르고 태어난다. 에디도 마찬가지였다. 비행기가 시계가 제로인 깜깜한 어둠 속에서 계기 고장으로 사막에 내리듯 어머니 품속에 들어갔다. 10개월이 지나 태양계 행성 지구의 동쪽 땅 한반도 북쪽 땅에서 첫눈을 떴다.

아버지는 군인이었다. 위로는 3살과 7살 터울의 형들과 여동생까지 4남매였다. 아버지가 근무하는 부대의 잦은 이동으로 강계시에서 2년, 평양시 용성구역에서 4년, 황해북도 순천에서 3년, 함경북도 경성 주을온천 지역에서 4년을 보냈다.

탁아소와 유치원을 강계에서, 인민학교를 사리원, 순천에서 다녔다. 주을온천이 있는 곳에서 중, 고등학교 시절을 보냈다. 어린 시절을 떠올리면 군용비행장이 있는 순천이 많이 생각이 난다. 큰 저수지를 끼고 있는 황주천을 따라 쏘가리, 메기 등을 잡으러 나선 형들의 뒤꽁무니를 졸졸 따라다녔다. 같이 살던 외할머니 요청에 못 이겨 형들이 어린 막냇동생을 데리고 다녔다. 하지만 형들은 어린 막냇동생 때문에 친구들로부터 눈총을 받기도 했다.

아버지는 남한으로 치면 영관급 고위 장교였다. 에디는 단독 주택에 2명의 초소병들이 지키는 군부대 가옥에서 유년시절을 보냈다. 집이 군부대 주변이어서 농사지을 땅이 많았다. 오랫동안 과수원 및 농사일을 해온 외할머니가 부지런히 주변 땅을 일궜다. 고구마 등을 키우던 밭이 수백 평이 더 됐다.

외할머니가 앞마당에 땅을 깊게 파서 음식저장고를 만들었다. 저장고 위를 1~2m 높이의 고깔 모양 볏짚으로 덮었고 저장고는 2m 정도 깊이의 움 형태로 돼 있었다. 조그마한 사다리를 타고 아래로 내려갔다. 김칫독, 장조림독, 겨울무, 배추, 고구마, 감자 등이 보관돼 있었다. 겨울이면 할머니 심부름으로 종종 이곳에 들어가 각종 식재료를 꺼내 오기도 했다. 심부름은 에디 몫이었다.

집 바로 뒤에는 10m 높이의 언덕이 있었다. 이곳에 아버지와 외할머니가 함께 만든 오두막이 있었다. 오두막에서 형들과 저녁이면 피리를 불고, 여름에는 모기장 안에 이부자리를 펴놓고 함께 오두막 속에서 자던 추억이 지금도 선명하다.

집에서 키우던 독일산 셰퍼드를 데리고 오두막에 가서 외할머니 무릎에 누워 옛날이야기를 들었다. 외할머니는 세상을 떠난 남편이 그리웠던지 외할아버지 이야기를 가끔 들려줬다. 외할아버지는 과수원에서 수확한 과일을 시장에 나가 팔아 받은 돈으로 술 마시고 빈털터리로 달구지를 타고 왔다고 했다. 남편이 속을 태웠지만 그래도 그리운 모양이었다.

에디는 고위 간부인 아버지를 둔 덕분에 인민학교 학생회장을 했고 인민학교 반 담임 선생님도 그런 에디를 각별하게 챙겨줬다. 집에 북한 일반 가정에서는 보기 드물게 한 벽면을 다 채울 수 있을 만큼 큼지막한 군사용 세계지도가 걸려 있었다. 지도에는 국가명, 수도 이름, 도시별 인구, 정치 현황까지 나왔다. 벽에 걸린 지도를 계속 보다 보니 전세계 나라 이름, 수도, 대도시 그리고 각각의 나라의 인구수까지 외울 수 있었다.

세상에 많은 나라가 있다는 사실을 자연스럽게 알아차리게 됐다. 바깥세상이 더 크고 넓다는 사실이 에디의 무의식 속에 차곡차곡 새겨졌다. 돌이켜보면 이게 북한을 떠나 미지의 나라로 나오는데 나침반 역할을 한 것 같다는 생각이 들기도 한다.

다른 또래 아이들과 마찬가지로 좋은 대학을 가기 위해 열심히 공부했다. 조금 달랐다면 집 벽면에 걸린 세계지도 덕분에 외부 세계에 대한 동경이 항상 마음 한편에서 싹트고 있었다.

첫 대학시험 낙방…청진 광산금속종합대학교 수석

북한에서 대학 진학은 소수의 학생들에게만 주어지는 특전이다. 한국사회와 마찬가지로 대학을 나와야 교사, 의사, 법관 등 전문 직업을 가질 수 있다. 무엇보다 당 간부가 되려면 대학 졸업장이 필요하다. 북한에서 당 간부가 되는데 가장 중요한 요건이 군대 복무와 대학 졸업장이다.

당 간부를 목표로 대학 졸업장을 따려는 사람들은 군대 복무를 먼저 선택한다. 제대자들에게 대학입학에 혜택을 주기 때문이다. 이들은 4~5년이 걸리는 일반대학보다 2, 3년제 단과대학을 선호한다. 제대 군인들 사이에선 2년제 교원 대학이 인기가 있다. 북한 교육법 제48조(학생모집)는 "고등교육 또는 수재교육 부문의 학생모집은 실력을 기본으로 한다."라고 규정하고 있다. 고등교육법 제23조(학생모집)는 "고등교육기관의 학생은 해당 교육을 받은 공민 가운데서 실력과 품행이 우수한 대상들로 선발하여 모집한다."라고 정하고 있다. 북한에서 좋은 대학에 들어가려면 실력과 함께 좋은 계급성분을 갖춰야 한다. 입학지원서에 고급중학교 추천서와 청년

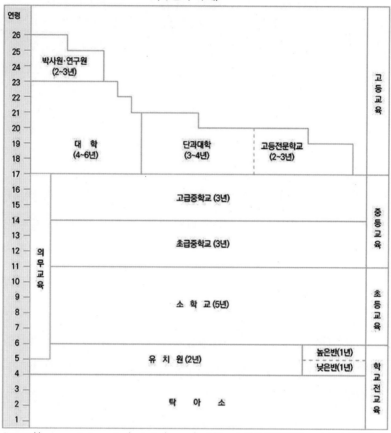

〈북한의 학제〉

https://www.uniedu.go.kr/uniedu/home/brd/bbsatcl/dict2017/view.do?id=31636

동맹의 추천서가 필수적으로 첨부되기 때문이다.

　고급중학교 졸업반 학생들은 대학 입학시험에 앞서 지역별 예비
시험에서 우수한 성적을 받아야만 한다. 북한당국은 전체 대학의
입학생 숫자를 고려해 도별로 대학 응시자 지표를 정해준다. 지역
은 고급중학교별로 대학입학 지표를 정해준다.(남북한 학제 비교 및

통합방안 연구(김정은 등 2015, 한국교육개발원))

공부 잘한다는 이야기를 듣고 자란 에디도 수재들이 간다는 전문 분야 대학에 가려고 준비했다.

에디는 1980년대 초반 고등중학교를 졸업하고 북한 전역에서 예비시험을 봐서 각 도에서 100명씩 추천받은 수재들만 응시한다는 평성리과대학(현 평양리과대학 또는 국가과학원 리과대학) 입학시험을 봤다. 김일성의 지시로 1967년 김일성종합대학교 분교로 설립된 평성리과대학은 기초과학 분야에서 유명한 대학이다. 한국의 KAIST라고 보면 된다.

하지만 리과대학 시험에 그만 낙방하고 말았다. 낙방은 승승장구하던 그의 인생에서 처음으로 맛본 쓰디쓴 경험이자 자존심에 큰 상처를 남겼다. 대학생 복장을 하고 방학마다 고향을 찾는 고등중학교 동기생들을 보는 게 엄청난 괴로움이었다. 자존심이 상해 대학교에 다니는 친구들과의 만남도 한동안 피했다.

북한에서 대학시험에 낙방하면 보통 사회에서 2년 이상 일하거나, 군에 입대해 약 5년 이상 근무하고 나서야 다시 대학시험을 볼 수 있다.

에디는 수력발전소 건설현장에서 2년 일하면, 대학시험을 볼 수 있게 해준다는 정부의 시책을 굳게 믿고, 낮에는 힘든 건설현장에서 일하고 밤에는 외국 유학을 가겠다는 미래의 큰 꿈을 그리면서 열심히 공부했다.

대학입학시험을 '직통생(고등학교를 졸업하고 예비시험에 통과해 바로 대학시험을 치르는 학생들)'의 경우 7월에 본다. 사회현장에서 일하거나 군 복무를 마친 입시생들은 8월에 시험을 본다. 시험 과목은 비슷하게 혁명사, 국어, 수학, 영어, 물리, 화학, 체력검정 등으로 이루어져 있다.

에디는 2년 후 리과대학을 다시 지원하여 시험을 보려고 했다. 하지만 그 해부터는 직통생만 받고 사회현장이나 군에서 추천받은 지원자들은 리과대학에 지원할 수 없다는 정부 방침이 나왔다. 리과대학 지원자에 대해 나이 제한을 둔 것이었다. 전혀 예상치 못한 조치였다.

그래서 청진광산금속종합대학에 응시했다. 수석 합격했다. 청진광산금속종합대학과 평성리과대학의 수준에는 엄연한 격차가 있다. 리과대학은 창설할 때부터 우수 인재의 선발을 위해 엄격한 시험 제도를 시행했다. 다른 대학은 시험을 한 번만 통과하면 되지만, 리과대학은 3번의 시험(두 차례 리과대학 자체적으로 실시)을 통과해야 한다. 시험 과목도 다른 대학들은 총점 기준으로 선발하지만, 리과대학은 수학, 물리, 외국어 성적이 낮으면 아무리 총점수가 높아도 합격할 수가 없다. 리과대학은 북한에서 가장 우수한 학생들이 공부하는 곳으로 유명하다. 신입생의 80%가 전국 각도에 하나씩 있는 과학영재고등학교인 제1고등중학교 졸업생들이다. 나머지 20%는 일반고교출신의 전국알아맞추기경연대회나 공화국수학올림픽 또는 과학경연대회 입상자들이다.

최고 수준의 리과대학 시험을 준비했던 에디의 청진광산금속종합대학 수석 합격은 그리 놀라운 일이 아니었다.

청진광산금속종합대학은 학생의 수가 4,000명 정도 되는 규모가 있는 대학이다. 청진에서는 가장 알아준다. 이 대학을 선택한 이유가 있다. 지구물리탐사학과 재학생들 중 30%가 러시아, 폴란드, 독일, 체코 등지로 외국 유학을 나갔기 때문이었다.

이 대학 최상위권 입학생들 15명이 지구물리탐사학과에 몰렸다. 에디는 하루 4시간만 자고 공부했다. 외국유학 기회를 잡기 위해 러시아어, 영어, 일본어 등 3개 외국어 능력까지 갖추려고 사력을 다했다.

결국, 폴란드에 가서 공부할 수 있는 외국 유학 선발 시험에 합격했다. 하지만 그 이후 당과 안전기관에서 3개월 동안 진행되는 계급적 성분 조사와 가족관계 조사에서 합격이 물거품이 되고 말았다. 해방 후 남으로 내려간 외삼촌의 남한에서의 행적 때문에 계급적 성분이 최하위에 속하는 월남자 가족으로 전락했기 때문이다. 외삼촌은 남한 정부에서 고위공무원이었다.

바깥세상으로 나가려던 꿈은 한순간에 물거품이 되고 말았다. 이때부터 에디는 다른 방도로 북한을 떠날 궁리를 했다.

유학 꿈 좌절되자 평양서 골동품 밀매

외국유학이 좌절되자 에디의 삶도 전혀 다른 방향으로 움직이기 시작했다.

외국에 못 나가는 대신 수도 평양 입성의 기회를 엿보려고 했다. 평양으로 올라가 평양철도대학에 다시 입학했다.

평양철도대학에서 배우는 기초과목은 청진에서 이미 배운 것들이라 쉬웠다. 공부하는데 그렇게 시간이 많이 필요하지 않았다. 에디는 아버지가 군에서 제대할 때 구입한 고급 양복을 입고 다녔다. 나이 어린 학생들은 에디를 교수로 착각하고 때때로 인사하기도 했다. 어린 여대생들은 자기들 언니들과 사귀면 어떻겠냐며 소개를 자청하기도 했다.

평양은 청진과 너무 달랐다. 평양에는 돈 많고 권력을 가진 고위 간부 자녀들이 많았다. 그들과 어울리려면 돈이 필요했다. 그때부터 돈 벌 궁리를 시작했다. 그 당시 평양이나 평성 등지에서는 이른바 행세한다고 하는 젊은이들 사이에선 골동품 장사가 유행처럼 퍼져 있었다.

외화벌이 겸 돈벌이를 위해 골동품 중개를 시작했다.

골동품 중개로 1년에 미화로 1,500달러 정도 벌었다. 괜찮은 외화 식당에서 한번 식사하는데 보통 1~2달러면 충분했고 호텔 바에 가서 삿포로 맥주 몇 캔과 땅콩 안주를 먹어도 미화 5~6달러면 충분했을 때였다. 당시 평양에서 가장 좋은 자리인 북새거리의 30평 아파트 가격이 2,000달러 안팎이었다. 북새거리는 모란봉구역과 중구역 경계지역으로 재일교포와 부자들의 동네다. 돈벌이가 쏠쏠해 술을 잘 사는 에디를 친구들은 형님으로 모셨다.

나름 큰돈을 벌었고 마음대로 쓰고 다녔다. 그러자 주변에 서서히 부자 친구들이 모여들었다. 주로 자가용을 몰고 다니는 재일교포 자녀들이거나 고위 간부 자녀들이었다. 이들과 주로 점심, 저녁을 미화인 달러와 일본 돈 엔화만을 받는 외화 식당에서 먹었다. 특히 저녁에는 맥주와 일제 위스키를 마시며 거드름을 피웠다.

일본 골동품상 · 해외유학생 전해준 바깥세상에
큰 충격

20대 초반 월남자 가족이라는 이유로 해외 유학이 좌절되자 큰 상실감에서 헤어나오기 어려웠다. 이때 마침 체코에서 4년 이상 유학하다가 동서독 통일의 여파로 평양으로 긴급 소환돼 '사상검토'를 받던 동유럽 유학생들을 만나게 됐다. 이들로부터 외국생활과 동유럽 대학생들의 이야기를 듣게 됐다.

당국의 아무런 제재를 받지 않고 동유럽 대학생들은 자유연애를 할 수 있다고 했다. 이들은 금발의 아가씨와 연애해본 경험까지 구체적으로 들려주었다. 자유롭게 술을 마시고 대학에서 전공도 마음대로 선택할 수 있다는 이야기에 흥분을 감출 수 없었다.

평양의 한 병원에서 재일교포 출신 K 씨를 만나 들은 이야기는 더 충격적이었다. 그는 1980년대 초반까지 일본에서 살다가 가족들과 함께 평양으로 온 지가 오래되지 않았다. 에디는 그에게 일본어를 배웠다. 그는 비슷한 또래라 에디가 편했는지 스스럼없이 편하게 대했다. 일본의 경제 발전수준과 생활에 대해 종종 이야기했다. 일본의 가정마다 최소 1대의 자가용이 있어 전업주부들은 남편이 출근하면, 점심시간에 맞춰 도시락 점심을 만들어 남편 회사 근처로 찾아간다고 했다. 자가용 안에서 도시락 점심을 함께 먹고 되돌아오는 것이 일상화돼 있다고 했다. 이 말을 듣고 에디는 큰 충격에 빠졌다. 집마다 자가용이 있고 여자들이 운전한다는 것은 당시 에디에게는 상상할 수조차 없는 충격적인 일이었다.

골동품 중계를 하다 만난 일본 골동품상으로부터도 놀라운 이야기를 들었다. 그는 40대 후반의 자그마한 키에 검은 테 안경을 썼다. 하루는 에디에게 "나는 조선에 와서 별로 맛있는 것이 없어 맥주는 기린이나 아사히 맥주, 안주로 땅콩과 육포만 먹고 일체 다른 것은 먹지 않는다."라고 떠벌렸다. 에디는 참으로 꼴불견이라고 생각했다.

한편으론 "아니, 일본 사람들이 평소 얼마나 고급 음식을 먹기에 조선 최고의 고려호텔의 음식도 맛없다 하나, 잘 나가는 조선사람들도 일 년에 한두 번 먹어보는 것이 꿈인 그 좋다는 음식을….."라고 하면서도 자신도 모르게 점점 부러운 마음을 품게 됐다.

얼마 되지 않아 일본에 대한 동경심으로 발전하게 됐다. 평양보다 더 살기 좋은 곳이 있구나 하는 생각을 점점 더하게 됐다. 북한을 떠나 더 큰 세상으로 나가야겠다는 생각도 갈수록 확고해졌다.

청진역에서 깡패들에 '거사자금' 다 털린 뻔

북한 주요도시들 중에서 사람들이 가장 드세고 깡패들이 많은 곳을 꼽으라면 함경도 청진과 함흥이다. 청진은 남한으로 치면 부산과 포항을 합쳐 놓았다고 보면 된다. 수도 평양과 멀리 떨어져 있고 중국, 러시아와 비교적 가까이 인접한, 북한에서 가장 큰 항구이자 제철, 제강 등 철제제품들을 가장 많이 생산하는 도시이다.

에디는 청진에서 대학 시절 5년을 보냈고 평양에서 중국으로 떠날 때 이곳에서 마지막 준비를 했다. 에디는 청진과 경성(주을 온천이 있는 소도시)을 오가며 동행할 친구를 물색했다. 그러다 보니 청진역을 자주 드나들었다.

청진에서는 보기 드문 눈에 띄는 외국산 잠바 차림을 하고 멋진 북한초상휘장을 달고 다녔다. 청진역을 자주 드나들며 사람들의 눈에 띄자 이곳 깡패들이 에디를 눈여겨 보기 시작했다. 에디가 부자들이나 피우는 크라운이라는 외국산 담배를 피우고 다니자, 이 지역 깡패들이 벼르고 있었다. 크라운 담배는 냄새가 독특해 누구나 금방 알아챌 수 있다.

청진에서 1주일 이상 북한을 떠날 채비를 마치고 떠나려는 날이었다. 에디는 먼저 준비를 다 마치고 청진역 대합실의 조용한 자리에 앉아 앞으로 행로를 짚어보고 있었다. 국경지역에서 경비대 군인을 매수해 야간을 틈타 중국 지린(吉林)성 허룽(和龍)지역으로 움직일 계획을 가다듬고 있었다. 9월 28일로 기억한다. 오후 3시에 만나기로 한 친구가 도착하지 않아 그 자리에 3시간 이상 앉아있었다.

불량스럽게 생긴 건장한 20대 청년들이 몰려와 에디를 에워싸고 "어디 사람이요?"라며 겁을 줬다. "평양 사람이요. 일 보러 왔소."라며 애써 태연한 척하며 답했다. 그러자 단단하게 생긴 청년이 "그런데 형이 입은 옷이 참 멋있소. 초상휘장도 새것이고, 그리고 시계도 좋쿠만, 내가 좀 차면 안 되겠소?"라며 노골적으로 옷과 시계를 뺏으려고 했다.

에디는 정신이 아찔해 잠깐 숨을 들이켰다. 요구를 거부하면 이들은 "잠깐 밖에서 좀 봅시다."라고 하며 에디를 끌고 나가 조용한 곳에서 강제로 모든 것을 뺏고 실컷 두들겨 팰 것이 분명했다.

순간 기지를 발휘했다. "동무들이 내 것들이 마음에 들면 그냥 드리겠소. 그런데 새 옷과 신발을 사 올 수 있게 시간을 좀 주오."라고 간청했다. 깡패 녀석들은 "일단 네가 달고 있는 초상휘장과 시계를 먼저 주면 안 되겠나?"라며 물러설 기미를 보이지 않았다.

에디는 될 수 있는 대로 시간을 끌면서 친구가 나타나기만을 간절히 기다렸다. 하지만 친구가 도무지 나타날 기미를 보이지 않았다. 더 지체하면 덤벼들 것 같아 "그러면 이것부터 주겠소." 하면서 시계를 막 풀어주었을 때였다.

바로 그때 친구가 모습을 드러냈다. 눈이 빠지게 기다리던 친구가 혼자도 아니고 건장한 제대군인 친구 두 명을 데리고 역사 대합실 큰 문으로 기세 좋게 들어오고 있었다. 친구는 금방 역사 구석에 깡패들에게 둘러싸여 있는 에디를 발견했다. "이 개새끼들아, 다 죽여버린다. 이 나쁜 새끼들!!!" 고래고래 소리를 질렀다. 또 제대군인들을 향해 "야, 이 새끼들 다 죽여버려라!!!"라고 외쳤다.

에디를 둘러싸고 있던 깡패 4명은 그들을 보자 순간 놀라면서도 싸울 자세를 취했다. 제대군인 중 한 명이 "너 이 새끼들 내가 누군지 알어? 내가 특수부대에서 금방 제대한 OOO다!!!, 죽고 싶지 않으면 내 친구 것 다 내놓고 당장 빠지는 게 좋을 거야⋯."라고 엄포를 놓았다. 깡패들은 더는 군말 없이 시계와 초상휘장 등을 에디에게 넘겨주고 풀이 죽은 채 대합실을 나가 버렸다.

순간 에디는 온몸의 기운이 쭉 빠져 버리고 긴장이 풀려 털썩 주저앉았다.

"왜 이렇게 늦게 오냐? 하마터면 내가 가지고 있는 모든 돈을 다 털릴 뻔했다. 그래도 정말 고맙고 다행이다."라며 친구를 질책하면서도 한숨을 돌렸다. 외국산 잠바를 그대로 벗어주었다면 깡패들이 허리에 찬 불룩한 전대에 들어있는 돈을 다 강탈해가 국경을 넘으려던 계획이 분명 물거품이 됐을 것이다.

깡패들이 떠나자 에디는 자신을 구해준 제대군인 친구들을 모두 데리고 아는 형님 집으로 갔다. 청진역 근처 생선시장에서 북한에서 귀한 대접을 받는 대왕 문어 20kg짜리를 샀다. 통째로 삶아 큼직큼직하게 썬 문어 숙회를 안주 삼아 소주를 밤새워 마시며 북한에서 마지막 밤을 보냈다.

초겨울 두만강과 장백산맥 넘어…부친 묘소 향해 큰절

에디는 고등학교 친구와 함께 아시아 최대 노천 철광석 광산으로 유명한 무산철광산 앞 두만강 여울목을 건너 중국으로 넘어갔다. 물살이 빠른 여울목을 건너던 중 에디는 발을 헛디뎌 한쪽 신발을 급류에 떠내려 보내고 말았다. 맨발을 헝겊으로 묶은 후 10월 초 눈이 덮인 장백산맥을 넘기 시작했다. 해발 1,500m가 넘는 고산을 관통하는 생사를 건 모험이었다.

중국 땅에 도착, 고향 쪽이 바라보이는 언덕에 올라 부친의 묘소 방향으로 큰절을 올렸다. 언제 다시 북녘 고향마을 땅을 밟을 수 있을까 하는 생각이 들자 눈물이 자신도 모르게 주르륵 흘러내렸다.

북한의 지리여행 출간 소식을 가장 먼저 보도했던 연합뉴스 기자가, 1996년 여름 북한 무산철광산이 바라보이는 두만강 일대를 둘러보고 왔다는 이야기를 했다. 기자는 무산철광산 쪽을 바라보고 찍은 사진을 보여주었다. 에디가 중국 국경을 넘으면서 부친 묘소 방향으로 절을 올렸던 바로 그곳이었다. 에디와 기자는 서로 "어떻

에디 일행이 넘어온 중국 지역 두만강 경계 오른쪽 아래 정자에서 에디가
아버지 묘소가 있는 하늘 방향으로 큰 절을 올렸다. (사진은 필자 김재홍 기자)

게 이럴 수가 있지." 하며 깜짝 놀랐다.

기자는 국가유공자 자녀 의료봉사단 '소금회' 소속 의료진의 의
료봉사활동을 동행 취재했었다. 소금회는 해외 항일운동운동의 발
상지인 중국 지린성(吉林省) 옌볜(延邊) 자치주 룽징(龍井)시를 방문
해 조선족 동포와 중국인들에게 의료봉사활동을 벌였다. 두 사람은
30년 가까이 인연을 이어오고 있다.

북·중 경계인 두만강을 건넌 뒤 에디 일행은 중국 국경을 순찰
하는 중국국경경비대 군인들을 피해 깊은 산속으로 48시간 걸어서
중국 지린성 허룽현(和龍縣) 마을에 도착했다. 허룽현은 김좌진 장
군이 이끄는 북로군정서군과 홍범도 장군이 이끄는 대한독립군 등
독립군 부대가 일본군과 전투를 벌여 대승을 거둔 곳으로 조선족들

이 많이 모여 사는 지역이다. 독주 한 병과 월병으로 끼니를 때우며 걸었다. 반나절 만에 식량과 식수가 떨어지자 산에서 나는 버섯과 열매로 끼니를 때웠다.

장백산맥 깊은 숲속에서 이틀 밤을 지새울 때 뒤따라오는 사나운 산짐승들의 울음소리를 듣고 놀라 벌벌 떨기도 했다. 호랑이에게 물려가도 정신만 차리면 살길이 있다는 옛 속담을 되새기며 용기를 냈다.

밤에는 작은 등불을 켜놓고 교대로 쪽잠을 잤다. 어딘가 존재할지 모르는 신을 향해 살려달라고 난생처음 간절하게 기도하기도 했다. 마침내 허룽현의 한 마을에 도착, 짐 속에 숨기고 간 북한 골동품을 중국인에게 팔아 새 신발을 사고 중국 돈과 음식을 마련했다.

허룽현 읍내로 가는 버스표를 당당하게 구입했다. 주변에 중국 무장군인이 사방을 경계하고 있었지만, 버스를 타고 유유히 읍내로 이동했다. 일본어와 중국어도 섞어 쓰고 때로는 가끔 남한 말투를 흉내 내기도 했다. 에디는 일본인, 친구는 한국인으로 행세했다.

하나님 말씀에 뜻밖의 위안

"북조선 사람 한국 망명 도와달라"…거절당해

에디는 옌지(延吉)에서도 일본인처럼 행세했다. 북에서 큰돈을 들여 신사복을 사 입고 왔다. 옌지 사람들이 보기에도 일본인 같았다. 에디는 미리 익혀왔던 일본말을 섞어 썼다. 친구는 아무 말도 안 하고 따라만 다녔다. 하지만 일본인 행세에 당연히 바가지요금이라는 대가가 따랐다.

선양, 베이징으로 가려면 머리도 좀 말쑥하게 해야 했다. 조선족이 하는 이발소에 찾아 들어갔다. 에디는 일본말로 "이꾸라데스까?(얼마입니까?)"라고 물었다. 이발소 아주머니들은 자기들끼리 쑥덕거렸다. "이 사람 일본사람 같은데 좀 비싸게 받아야겠다."라며 동료 이발사에게 웃으며 말했다. 일부러 그 말을 못 들은 척했다. 결국 에디는 바가지를 썼다. 정상요금의 곱절인 10위안을 내야 했다. 당시 그 이발소 가격은 5위안이었다. 어이없는 바가지요금에 씁쓸했지만, 마지막까지 "아리가또 고자이마스.(대단히 감사합니다.)"를 연발하며 이발소를 나왔다.

이발까지 한 덕에 깔끔한 모습으로 옌지의 한 대학을 찾았다. 한국행에 도움을 받기 위해서였다. 이 대학 총장이 한국인이라는 이야기를 허룽현에서 얻어들었다. 곧바로 대학 총장실을 찾아갔다. 얼굴이 희고 향수 냄새가 나는 한국인 여비서가 맞이했다. 그는 "무슨 일로 오셨나요?"라고 물었다. 에디는 당당한 목소리로 "총장님과 토론할 일이 있어 왔습니다."라고 말했다.

양복바지에 흰 셔츠를 깔끔하게 차려입고 머리까지 깨끗하게 손질한 에디 일행을 북한 사람이라고 생각하지 않은 듯, 비서는 "조금만 기다리세요." 하고 총장실에 들어갔다가 나오더니 "들어가세요." 하며 친절하게 안내해줬다.

너무 다행이라 생각했다. 넓고 좋은 향수 냄새가 나는 총장실에 들어갔다. 점잖게 생긴 50대 총장이 "어떤 일로 오셨습니까?"라고 물었다. 에디는 "사실 저희는 이북에서 나와 남으로 망명하고 싶은 사람들입니다. 좀 도와주십시오."라고 직설적으로 부탁했다.

총장은 깜짝 놀라는 눈치였다. "선생들이 정말 북조선에서 망명하려는 사람들이란 말입니까?" 에디는 "예, 그렇습니다. 좀 도와주십시오."라고 간청했다.

총장은 잠깐 생각하는 듯하더니 "북조선 사람들인지 잘은 모르겠지만, 저희는 선생님들 부탁을 들어줄 수 없습니다."라고 말했다. 그러더니 비서를 불러 내보내라고 지시했다.

전혀 예상치 못한 반응이었다. 너무도 황당하고 청천벽력과도 같았다. 기대가 일시에 무너져 한동안 총장실에 멍하니 서 있었다. 여비서가 독촉하는 바람에 밖으로 나왔다. 믿었던 남조선 사람에게 퇴짜맞고 쫓겨났던 것이다. 당황스럽고 화도 났다. 하지만 다시 택시를 타고 옌지 시내로 돌아올 수밖에 없었다. 아무런 방도가 떠오르지 않았다.

절망감이 몰려왔다. 그렇다고 북으로 돌아갈 수도 없었다.

결국 열차를 타고 한국영사관이 있다는 선양(瀋陽)으로 가는 길을 선택했다.

택시기사 선양 북한영사관 앞에 내려줘

우여곡절 끝에 선양에 도착한 에디 일행은 곧바로 택시를 타고 이렇게 외쳤다. "취 한구어 링스관.(한국영사관으로 갑시다.)" 택시기사는 "쯔따오뤄.(알았어요.)" 하며 곧장 영사관으로 향했다. 주변을 두리번거리며 낯설고, 을씨년스러운 선양거리를 지나는데 택시기사는 "따오뤄.(도착했다.)" 하며 바로 옆 큰 건물을 가리켰다.

순간 우리는 얼어붙었다. 바로 앞에 '조선민주주의인민공화국 심양총령사관'이라는 표지와 함께 조선 국기가 휘날리고 있었다. 그곳이 싫어 망명길에 오른 에디는 바로 북한영사관 간판을 보는 순간, 정말 머리카락이 곤두서고 온몸이 긴장으로 짜릿짜릿해졌다.

"뿌스, 한구어 링쓰관.(한국영사관이 아닙니다.)"이라고 외쳤다. 하지만 택시기사는 여기 한국영사관은 없고 북조선영사관밖에 없다며 내리라고 했다.

택시에서 내리면 당장 무슨 일이라도 날 것 같은 불길한 생각이 들었다. 순간 "취 르번 링쓰관.(일본영사관으로 갑시다.)"이라고 소리쳤다. 택시기사는 일본영사관으로 방향을 틀었다. 한참 가니 일본영사관이 100여m 앞에 보였다. 일본영사관에서 망명을 부탁할 심산으로 택시에서 내리려고 했다.

그런데 문제가 생겼다. 택시요금이 70위안이나 나왔다. 기사가 덤터기를 씌웠다는 것을 나중에 알았다. 당시 주머니에는 50위안 가량 남아있었다. 50위안밖에 없다고 말하자 기사는 큰 목소리로 중국 공안을 불렀다. 일본영사관 주변을 지키던 공안 한 명이 다가오고 있었다. 1~2분이면 공안에게 붙잡힐 수도 있는 순간이었다.

너무도 당황하여 어찌할 줄 몰랐다. "큰일 났어. 도망가야 하나?"라는 말이 불쑥 튀어나왔다.

그때 옆을 지나던 사람이 물었다. "북조선 사람입니까?" 뒤를 돌아보니 한 남자가 서 있었다. 다짜고짜 그에게 "남조선으로 망명하는 북조선 사람입니다. 택시요금이 20위안 모자라는데 좀 도와주십시오."라고 애절하게 부탁했다.

그 남자는 순간 주저함이 없이 택시기사에게 30위안을 주면서 가라고 했다. 요구한 택시비보다 10위안을 더 얹어 준 것이다. 택시가 떠나자 이쪽을 향해서 걸어오던 중국 공안도 더 이상 다가오지 않았다.

위험한 순간을 벗어나자 그 신사에게 매달렸다. 북조선을 탈출했다며 한국으로 갈 수 있게 도움을 달라고 요청했다. 선양에 남조선영사관이 없으므로 일본영사관에 가서 망명을 부탁하겠다고 했더니 그는 "일본영사관 사람들이 당신들을 돕지 않을 것입니다. 여기서 바로 열차를 타고 베이징으로 가십시오. 거기에 있는 한국 대사관에서 도와줄 겁니다."라고 했다.

"그런데 거기까지 갈 돈이 없습니다. 좀 도와주십시오."라고 부탁했다. 신사는 또다시 주저 없이 중국 돈 200위안을 꺼내 주었다. 당시 200위안은 정말 큰돈이었다. 연신 감사인사를 드리며 "남조선에 가면 꼭 찾아뵙고 인사드리겠습니다." 하고 말했다. 신사는 "그럴 필요 없습니다. 가서 잘 사십시오."라는 말을 남기고 자리를 떴다.

에디는 이 신사를 찾으려고 서울에 온 이후 여러모로 노력했다. 지금도 찾질 못했다. 1993년 10월 초, 선양의 일본영사관 앞에서 도움의 손길을 준 그 신사의 모습이 여전히 생생하다.

베이징 한국 대사관도 사실상 퇴짜…진퇴양난

다음날 에디는 선양에서 열차를 타고 베이징에 도착해 조양구에 있는 한국대사관을 찾아갔다. 조양구에서 한참 한국대사관을 찾아 헤매고 있는데, 앞으로 북한 초상휘장을 단 사람들이 지나갔다. 더 이상 무서울 것이 없었다. 다가가 "혹시 한국대사관이 어디 있는지 아시면 말씀해 주세요." 하고 큰소리로 물었다. 그들은 아래위로 쳐다보더니 "우리 그런 데 몰라요!!!" 하고 차가운 목소리로 답했다.

한국대사관을 겨우 찾았다. 중국 공안이 버티고 서 있었지만, 한국인인 것처럼 행동하며 스스럼없이 대사관 출입문 안으로 들어갔다. 중국 공안은 에디 일행을 한국사람들이라고 생각한 듯 아무런 제지 없이 통과시켜 줬다. 대사관 여직원에게 가능한 낮은 목소리로 "북조선에서 왔습니다. 안기부 직원을 불러주세요."라고 말했다. 여직원은 두 눈이 휘둥그레지더니 급하게 비상벨을 눌렀다. 그리고 조용히 누군가와 통화했다. 이윽고 대사관 영사라는 직원이 나와 일행을 대사관 안으로 안내했다.

대사관의 정보담당 부서에서 에디 일행을 따로 불러 각방에서 2일 동안 탈북과정에 대해 꼬치꼬치 캐물었다. 에디는 생각지도 못한 제안을 들었다. 미화 3만 달러를 줄 테니 고향으로 되돌아가라는 것이었다. "거기 가서 무슨 일을 해야 하는데요?"라고 물으니 "기다리면 선생이 할 일을 알려드리겠습니다."라고만 했다.

지금 생각하면 북한 내 정보원이 돼 달라는 요청 같았다. 혼자 생각할 기회를 달라고 했다. 생각할수록 괘씸했다. 목숨을 걸고 자유를 찾아온 사람에게 이런 제안을 하다니 아주 너절하고 바람직하지 않다고 생각했다. 순간 분노가 치솟았다. "그런 제안을 받아들이기 어렵습니다. 저는 남조선에 가서 자유롭게 살고 싶습니다."

"그렇다면 우리가 도와주기 어렵고, 더욱이 한국에 선생 같은 분들이 가서 살기 어려울 것 같습니다. 당신들 고향으로 돌아가시는 게 좋겠습니다."라는 절망적인 답변이 되돌아왔다.

순간 몰려드는 배신감을 참기 힘들었다. 하지만 대사관에서 맥없이 걸어 나올 수밖에 없었다.

'고수레'…카시오 시계 길에 던져 운명 점쳐

철석같이 믿고 찾아간 대한민국(남조선) 대사관에서 퇴짜를 맞고 나오자 앞으로 어떻게 해야 할지가 막막했다. 갑자기 온몸으로 무서움까지 엄습했다.

지푸라기라도 잡는 심정이었다. 뭔가에 매달려 보기로 했다. 모든 운을 걸고 운명을 점쳤다. 너무도 막막해 하늘에 계신 그분, 신에게 운명을 걸어 보기로 했다.

에디는 친구에게 "우리가 가지고 있는 것 중에 제일 값나가는 것을 바치고 소원을 빌어보자."며 차고 있던 카시오 전자시계를 고수레하듯 앞 길가에 던졌다. "신이시여, 저희들이 드리는 이 시계를 받아 우리보다 더 불쌍한 사람에게 주시고, 우리를 제발 살려주십시오. 남조선으로 가는 길을 알려 주십시오."라며 두 손 모아 간절하게 빌었다.

1분도 안 돼 20대 초반의 아가씨가 카시오 시계를 냉큼 집어 갔다. 에디는 "됐다. 이제 살길을 알려주실 게야."라고 외쳤다. 하늘에 계신 분께 제물을 바쳤는데 곧바로 제물을 받아갔다고 믿기로 했다. 북한 사람들도 무슨 일을 할 때 음식 등을 고수레하며 소원을 종종 빈다.

길 가던 아가씨가 카시오 시계를 주워 간 것이 신의 계시나 응답 이라고 믿었다. 한층 고무된 기분으로 중국 지도 한 장을 베이징역 신문 파는 매대에서 구입했다. 지도에서 한국과 가장 가까운 항구 도시를 찾았다. 남조선과 중국이 외교관계를 맺고 있기 때문에 반 드시 남조선과 중국을 오가는 국제여객선이 있을 것으로 생각했다. 항구도시를 찾았다. 다롄항, 톈진항, 위하이항, 칭따오항, 상하이 항 멀리는 홍콩과 가까운 선전항도 있었다.

에디는 직감적으로 베이징에서 가장 가까운 톈진항을 지도상에 서 찍었다. "우리 수중에 중국 돈 300위안이 있으니 이 돈으로 여 기 톈진항까지 가서 남조선으로 가는 배를 찾아 몰래라도 올라타 자."라고 친구에게 제의했다. 두말없이 동의했다. 베이징에서 톈진 으로 가는 고속버스를 찾아 타고 다음 날 아침 톈진에 도착했다. 신 께 허락까지 받았다는 막연한 기대에 모처럼 자신감이 넘쳤다. 중 국을 여행하는 한국인 행세를 했다. "우어쓰 한구워런.(우리는 한국 사람입니다.)"을 외치며 버스를 탔다. 톈진에 당도하자마자 택시를 타고 서해를 마주한 톈진항으로 이동했다.

북한VIP 호송요원 행세…바다 헤엄쳐
인천행 선박 타

톈진항에 도착, 가장 먼저 한국식당을 찾았다. 에디는 한국식당에서 톈진-인천항을 오가는 정기여객선이 있다는 것을 확인했다. 정기여객선 사무장을 어디로 가면 만날 수 있을지를 수소문했다. '청하'라는 한국식당에 자주 들린다는 귀중한 정보를 가까스로 얻어냈다.

청하 식당에서 여객선 사무장을 만났다. 옌지(延吉)의 한 대학과 베이징 한국대사관에서 도움을 요청했다가 거절당한 에디는 신중하게 접근했다. 탈북하려고 왔다고 말했다가 또 거절당할 수 있다는 생각에 기지를 발휘했다.

사무장에게 남조선 정보기관의 연락책 행세를 했다. 에디는 "베이징 대사관 공사가 보낸 연락책입니다. 북한의 VIP를 호송하니 오늘 저녁 배에 승선하게 도와주십시오."라고 말을 건넸다. 사무장은 "모든 준비를 마치고 기다리고 있었습니다. 오늘 저녁 배의 바다 쪽 비상문을 열고 기다릴 테니 승선하십시오."라고 뜻밖의 대답을 했다. 나중에 알고 보니 사무장이 큰 착각을 한 것이었다.

한국 여객선 주변을 삼엄하게 경비하는 중국 공안의 눈을 피해야 했다. 사방이 완전히 어두워진 저녁 10시쯤 여객선이 정박해 있던 곳에서 약 300m 떨어진 해변에서 물속으로 들어가 500m 이상 나갔다가 선착장에 정박한 여객선으로 헤엄쳐 돌아왔다. 모두 1.5km 가량 헤엄쳐 이동하는데 1시간 30분 이상 걸렸다.

겨울이 가까이 다가온 10월 중순이라 바닷물은 차가웠다. 헤엄치는 도중 갑자기 친구가 가라앉기 시작했다. "발에 쥐가 왔어. 더 이상 헤엄치기 어렵겠다. 너라도 가라."고 했다. 이대로 가다 가는 둘 다 빠져 죽거나 공안의 수색에 걸려 붙잡히겠다는 생각이 들었다. 그러자 정신이 번쩍 들었다. 바닷물 속으로 자맥질하여 친구의 오른쪽 왕 발가락을 꽉 깨물었다.

그러자 친구는 "아… 발에 쥐가 풀렸다…."라며 다시 헤엄을 치기 시작했다. 여객선 사무장이 손전등으로 비상문을 비추고 있었다. 마지막 힘을 내 배에 다가가 올라탔다.

다행히 에디는 어릴 때부터 강가에서 수영을 자주 했다. 주변 바닷가에서도 물놀이를 여러 번 한 경험이 있었다. 바다 수영에 둘 다 자신이 있었다. 20대 중반이라 체력이 가장 좋을 때였다. 에디는 키 171cm에 58kg으로 좀 마른 편이었지만 몸이 아주 단단했다. 에디 친구는 키 165cm, 체중 48kg 정도였다.

지금 생각하면 도저히 불가능한 일을 한 것 같다. 그때는 절박했다. 배를 타지 못하면 죽거나 그보다 더한 상황이 기다리고 있다는 생각에 무모한 밤바다 도전이 가능했다. 바다에서 헤엄치다 여객선을 지키고 있던 중국 경비정에 노출되면 붙들리거나 빠져 죽을 수도 있는 최악의 상황이었다. 극도의 긴장상태에서 초인간적인 힘을 발휘했다.

15도 이하 차가운 물 속에서 1시간 30분 이상 있으면 대부분 저체온증으로 심장마비나 사지 마비로 사망할 수도 있다. 바다 물속에 들어갈 때 바지는 벗었지만 위 속옷과 몸에 달라붙는 티셔츠를 둘 다 입고 있었다. 이게 체온을 유지해 심장마비가 일어나는 것을 막아준 것 같았다.

톈진항에서 출발한 여객선이 인천항 부근까지 오는 데 10시간가량 걸렸다. 사무장은 배가 인천항에 가까이 오자 남한 당국에 '북에서 온 손님들'이 탔다는 사실을 알렸다.

배가 한국 영해에 완전히 들어서자마자 정부 관계기관 사람들이 해군경비정을 타고 배에 승선했다. 에디 일행은 관련기관에서 기다리는 인사들이 아니었다. 사무장은 아연실색했다. 사무장은 에디 일행이 톈진항에 도착한 그 날 누군가 찾아오면 여객선을 탈 수 있도록 도와주라는 연락을 받고 대기하고 있었다.

하지만 되돌릴 순 없었다. 이미 엎어진 물이었다. 에디 일행은 관련 당국자들에게 즉시 인계됐다. 곧바로 인천항 모처로 이동, 집중적인 1차 조사를 받았다. 몇 시간의 조사 후 에디 일행은 인천항에서 망명기자회견을 했다. 이후 서울의 모처로 옮겨 2차 조사를 받았다.

사무장이 직장을 옮겼다고 뒤에 전해 들었지만 에디는 그를 다시 만나지는 못했다.

에디 일행은 두만강을 넘은 지 10일 만에 인천에 도착했다. 이는 3국을 거쳐 귀순한 기록 중 최단기간으로 지금까지 깨지지 않은 것으로 알려져 있다.

하지만 최단기간 탈북 기록은 강도 높은 조사의 빌미가 됐다. 어떻게 두만강을 넘은 지 10일 만에 그것도 국제여객선을 타고 인천까지 오는 게 가능했을까. 당국은 여러 가지 의혹을 제기했다. 만에 하나라도 있을 위장 탈북 가능성도 면밀하게 조사했다.

탈북과정 혹독한 조사…하나님 말씀에 위안

한국, 미국, 일본 등 정보기관들이 합동으로 진행하는 귀순자합동조사본부(당시 기관)는 영등포에 있었다. 이곳에서 에디는 심리적으로 가장 힘든 시기를 보냈다.

정보기관에서 에디를 이렇게 평가했다. 북한을 망명하려는 동기가 너무 불분명하고 취약하다. 중국에서 경유한 경로가 미리부터 치밀하게 계획된 것 같고 톈진항까지 이동하는데 걸린 시간이 너무나 짧다. 전문가가 아니면 불가능하다. 톈진항에서 정보기관에서 준비해 놓은 국제여객선 탑승 루트를 이용한 것은 일반인 귀순자 행동이라고 보기가 정말 어렵다.

그런 만큼 조사는 강도 높게 진행됐다. 에디는 조사과정에 지치고 너무 힘들었다. "당신들이 나를 그렇게 의심하면 다시 돌아가겠다."라고 소리치며 항변하기도 했다.

그때 에디를 강하게 붙들어 준 분이 있었다. 장로라고 불리는 조사관이었다. 이 조사관은 하나님 말씀을 간간이 들려줬다. 조사를 받느라 지친 에디의 몸과 마음이 말씀을 들을 때 잠시나마 풀렸다.

위안을 가져다줬다.

　에디는 북한을 탈출해 남한으로 오는 과정에서 어렵고 힘들 때마다 하느님께 살려달라고 매달렸다. 북한 영화에서 하느님이 등장하는 장면을 몇 번 본적이 있다. 그러나 하느님의 존재에 대한 아무런 확신도 없었다. 그래도 막무가내로 빌었다. 자신이 모르는 절대자가 있을지도 모른다는 그야말로 막연한 생각 때문이었다.

　조사가 어느 정도 마무리되자 일주일에 한 번씩 외출을 할 수 있게 됐다. 외출은 전혀 색다른 경험이었다. 담당 조사관과 함께 남대문시장이나 미용실, 호텔, 백화점 등을 돌아다녔다. 20만 원 정도를 들고 나가서, 간단한 옷가지도 사고 식당과 술집에도 들러 밥도 먹고 술도 마셨다. 남한 사람들 속에 들어가 남몰래 소소한 자유를 즐겼다. 짧은 순간이지만 꿈꾸던 자유를 누리기 시작했다.

북한 공민증, 한국 주민등록증,
호주 시민권증서…3개국 신분증

에디는 조선민주주의인민공화국, 대한한국, 호주 등 3개국이 각
각 자국민으로 공인하는 신분증을 받았다. 태어나 처음 받은 신분
증은 북한 공민증이었다. 두 번째는 한국 주민등록증, 세 번째는 오
스트레일리아 연방 시민권 증서였다.

공민증에는 이름, 생년월일, 태어난 곳 그리고 현주소지와 고유
번호가 있다. 주민등록증에는 주민등록번호, 이름, 주소 등이 있다.
호주에는 신원확인용 주민등록증이나 공민증 같은 신분증이 없다.
대신 운전면허증이나 학생증 등을 갖고 있으면 신원확인에 큰 문제
가 없다. 시민권 증서(Certificate of Citizenship)는 카드 같은 신분

증이 아니라 자격증 서류처럼 돼 있다. 특별히 계약 등 신분 확인이 필요한 일이 생기면 시민권 증서를 제시해야 한다.

에디는 1994년 1월 관련기관으로부터 "오늘부로 대한민국 국적을 취득하였습니다."라는 통보를 받았다. 에디의 주소와 본적은 서울, 영등포구 00동이다. 남한의 주민등록증을 받은 것은 관련당국의 조사를 마치고 사회적응훈련이 끝난 1994년 4월이었다.

안가를 떠나기 전에 관련당국에서 파티를 열어주었다. 맛난 음식을 배불리 먹었다. 각가지 술도 마음껏 마셨다. 다음 날 아침 에디는 관련 서류를 넘겨받았다. "한국에서 성공하기 바랍니다."라는 격려와 축하하는 인사말을 마지막으로 들으며 안가를 나섰다.

에디는 설렜다. 한편으론 두려운 마음도 들었다. 서울 광진구에서 서울 시민으로 새 삶을 시작했다.

에디는 호주 영주권을 신청한 지 2개월 만에 받았다. 호주에서는 영주권 취득 후 4년이 지나야 시민권을 신청할 수 있다. 영주권 취득 후 5년 이내에 최소 2년을 호주에 거주해야 한다. 시민권을 받으려면 시험을 치러야 한다. 영어점수가 최소 레벨 5를 넘어야 이 시험을 통과할 수 있다. 호주의 국가를 영어로 부를 수 있어야 한다. 이 모든 조건을 충족해야 시민권을 취득할 수 있다.

이 과정을 통과한 이민자들에게 매년 2회씩 주별(도별)로 여는 기념식 자리에서 주 정부 이민장관이 직접 시민증을 수여한다. 시민권을 가진 사람은 특별한 권리를 행사할 수 있지만 의무를 져야한다. 모든 지방, 중앙선거에 참여해야 한다. 이유 없이 투표하지

않으면 벌금을 최대 150달러 이상 내야 한다. 대학과 대학원에 다니면 매달 생활비를 지원받을 수 있다. 학비는 무료다. 다만 졸업 후 5만 달러 이상 연봉을 받으면 무상등록금에 대한 대가로 매년 학자금의 10%를 국가에 내야 한다.

북한에 형님들과 조카들이 살고 있다. 에디와 아내 그리고 딸과 아들은 한국 국적을 가졌다가 이제는 호주 시민권자다. 에디는 한국과 북한, 호주 3개국이 잘 되길 항상 기원한다. 특히 남북관계가 평화롭기를 간절히 기도하고 있다.

남과 북 대학 교육환경 달라도 너무 달라

북한 군대식 기숙사 생활…한밤중 '식량조절'

북한에서 대학 추천은 대체로 학생의 학업 성적에 따라 결정된다. 머리 좋고 공부 잘하는 학생들은 전문분야 대학에 어렵지 않게 갈 수 있다. 물론 계급적 성분이나 가족 중에 반동분자가 있으면 상황은 크게 달라진다. 아예 추천을 받을 수 없다. 에디는 1980년대 초반 고등중학교를 졸업하고 북한 전역에서 예비시험을 봐서 각 도에서 100명의 수재들에게만 응시 기회를 주는 평성리과대학을 추천받았다. 리과대학 시험을 치렀으나 보기 좋게 낙방하고 말았다.

2년 후 리과대학에 다시 지원하려고 했지만 시험제도가 바뀌는 바람에 할 수 없이 청진광산금속종합대학에 응시해 합격했다. 지구물리탐사과 학생들에겐 유학 시험을 볼 기회가 주어지고 수석 입학했다는 사실이 그나마 위안이 됐다. 리과대학과 이 대학의 격차를 고려하면 당연한 결과이기도 했다. 유학 기회를 얻기 위해 잠자는 시간까지 아껴가며 공부했다.

지독하게 공부했던 시간도 잊히지 않는다. 청진에서 대학생활 중

배고픔과의 싸움이 아직도 생생하게 기억난다. 북한 대학생의 80%는 기숙사생활을 한다. 기숙사 한 방에 5~8명씩 나란히 누워 자야 했다. 그보다 더 힘든 일은 기숙사에서 대학 식당까지 가는 300m를 학부, 학과별로 줄지어 노래 부르며 군인처럼 행군해야 한다는 것이다.

이 대열에 낙오해 식사 시간을 지키지 않으면 끼니를 때울 수 없다. 아침, 점심, 저녁 시간을 철저하게 지켜야 밥을 먹을 수 있었다. 하지만 한창때라 그 양은 말도 안 되게 적게 느껴졌다.

형편없는 식사량과 질 때문에 대학생들은 항상 배고팠다. 결국 배고픈 20대 초반의 대학생들은 밤이면 대학 주변 주민들의 김장독과 아파트 베란다에 매달려 있는 동태 등을 슬그머니 훔치기 시작했다.

남한에서 곡식 서리가 북한에선 '식량조절'이란 말로 통한다. 좀 있는 사람들 것을 시도 때도 없이 항상 배고픈 젊은 대학생들이 조절해 먼저 챙겨 먹는다는 말이다. 자신들을 변호하기 위해 지어낸 말이었다. 청진광산금속대학 주변의 주민들은 대학생들이 밤사이 벌이는 식량조절에 대학에 항의도 하고 자체로 경비를 강화하기도 했다. 하지만 굶주림에 허덕이는 20대 대학생들이 새벽 3시~4시 사이에 몰래 하는 짓을 막을 수는 없었다.

군 입소 훈련…아무도 못 막는 사과 서리

　북한 대학생들이 대학과정 4~5년 기간에 필수적으로 이수해야
하는 과정이 있다. 대학생 교도훈련이다. 이 과정은 한국과 비교하
면 ROTC 입소훈련과 비슷하다. 대학졸업증을 받으려면 무조건 입
소훈련 과정을 마쳐야 했다. 대학생교도훈련은 6개월 과정이다. 대
학 2학년 2학기에 학업을 중단하고 군복을 입고 군부대에 입대, 6
개월 동안 반항공 부대(고사포, 고사총 부대)에 편입해 현역군인들과
같이 군사훈련을 받고 경계근무를 서야 한다. 이 과정을 마치고 대
학을 졸업하면 군관(장교) 계급을 단다. 한국으로 보면 초급 장교인
소위계급이다. 유사시 전쟁이 나면 고사포 부대의 소대장으로 입대
하게 되어있다.

　에디 학교 2학년은 1987년 4월부터 평양시 력포구역에 있는 평
양시 반항공 부대에서, 그해 10월까지 군복무 입소 훈련을 했다. 에
디는 사회 경험을 인정받아 군사훈련과 경계근무를 대신해 중대 식
당의 무연탄 불을 담당하는 임무를 맡았다. 이 자리는 에디가 현역
중대장 및 중대 정치지도원에게 읍소해 얻을 수 있었다. 아무나 맡

을 수 없는 꽃보직이었다.

평안도 지역에는 무연탄이 많이 난다. 이 지역 군부대와 주민들은 취사와 난방을 주로 무연탄으로 해결한다. 군부대 식당 무연탄 화구 책임자가 되면 이 일만 담당하게 된다. 대신 하루 24시간 365일 무연탄 불을 꺼지게 하면 안 된다. 특히 아침, 점심, 저녁 식사 시간에 무연탄 불을 최상의 상태로 유지하도록 불 조절을 잘해야 했다.

처음에는 다소 서툴렀지만 2~3일 반짝 긴장하고 불을 조절하는 요령을 배우고 나서는 익숙해졌다. 중대 인원 120여 명의 식사를 차질없이 이뤄지게 불 조절을 잘했다. 부엌 불을 잘 조절한 덕분에 5개월 이상 편안하게 지냈다.

에디는 식량, 피복 등 중대 자산을 관리하는 창고장이라고 불리는 현역 근무 군인과 친하게 지냈다. 식량창고를 자기 집 드나들듯 드나들었다. 에디는 요령껏 가까운 친구들에게도 자신이 누리는 특혜를 베풀었다.

밤 11시 이후 다른 병사들이 잠들었을 때 에디는 친구 중, 한 명에게 "조용히 일어나 10분 뒤 식당 옆 식량창고로 와라."라고 귀띔했다. 몰래 중대 숙박실로 달려와 고기와 쌀밥, 그리고 기름에 튀긴 꽈배기를 실컷 먹고는 "정말 고맙다."라는 인사말을 남기며 새벽에 자기 막사로 돌아갔다.

교도훈련에서 잊을 수 없는 것 중의 하나가 사과 서리였다. 에디가 속한 고사총 중대는 력포구역의 사과와 배, 복숭아 농장들 사이에 자리 잡고 있었다. 훈련 생활 3개월째인 7월이 되면 고사총진지 주변 과수원에서 복숭아가 먹기 좋게 익어갔다. 밤이 되면 복숭아밭에 들어가 실컷 따먹고 나중에는 포진지에 가져와 먹고 싶을 때마다 먹었다. 8월엔 사과가 나오고 9월에는 배가 먹음직스럽게 열렸다. 사과와 배를 밤에 몰래 서리해 부대 밖으로 나가 술과 담배로 교환하기도 했다.

돌이켜보면 한심한 일이다. 그땐 군복 입은 도적떼나 다름없었다. 20대 초반 철이 없었을 때나 가능한 일이었다. 사과, 배 도적질에 화가 난 과수원 책임자가 에디가 속한 중대와 대대 지휘부에 엄중히 항의했다. 하지만 대대 지휘관이 에디 중대에 내려와 혼내고 돌아가면 일주일도 안 돼서 배, 사과 서리가 다시 시작됐다.

고려대-북한 대학 오리엔테이션 극과 극

에디는 북한과 한국, 영국, 호주에서 대학 5곳을 다녔다. 이들 대학에서 학사와 석사 과정을 마쳤다. 북한에서 지구물리탐사학과 기술경제학을, 고려대학에서 경영학을, 호주 대학에서 회계학을 각각 전공했다. 영국 옥스퍼드 대학에서 어학연수를 했다.

이들 대학은 각 나라에서 상위 5~10% 이내에 드는 명문 학교다.

이들 과정에서 가장 기억 남는 것은 입학과 동시 이뤄지는 오리엔테이션(OT)이었다.

북한 대학에서 오리엔테이션은 신입생 전체 그리고 학부와 학과별로 각각 진행된다. 전체 입학생 1,000~1,500여 명이 대학 강당에 모여 대학에서 지켜야 할 규칙 등에 대해 하루 정도 강의를 듣는다. 이어 학년별 책임자(대대장)와 대대위원들이 누구인지 소개한다. 다음날 학부별로 200~300여 명씩 소강당에서 모여 학과별 책임자(중대장)와 중대위원들을 같은 방식으로 알려준다. 이어 학과별로 20~25명씩 모인 자리에 책임자인 소대장(소대위원 등)이 자신을 소개한다. 물론 여기서 임명하는 대대장, 중대장, 소대장들은 대학 당조직에서 임명한 인민군에서 5~10년 근무한 제대군인들이다. 신입생들은 이들 대대, 중대, 소대별로(인민군 지휘체계를 그대로 계승하는 시스템임) 먹고, 자고, 생활한다. 남한 대학 신입생 오리엔테이션 분위기와는 전혀 다르다. 다 같이 술 마시고 웃고 떠드는 문화는 일체 없다. 그야말로 엄숙, 정숙 그리고 위엄 속에서 진행된다.

고려대학 오리엔테이션은 북한 대학과는 180도 달랐다. 북한에서는 도저히 상상하기 힘든 그야말로 새로운 문화였다. 신입생들에게 미래의 사회 엘리트라는 자긍심을 갖고 대학생활을 열심히 해달라는 당부의 말씀이 있었다. 대학 전체 신입생들이 모여서 대학의 규칙에 대한 설명을 듣는 시간은 두 시간 이내로 짧았다. 학과별, 단과대학별로 신입생 환영회가 진행됐다. 이 과정에서 며칠을 막걸리와 소주에 흠뻑 취하기도 했다. 신입생 동기들과 선배들과의 만남을 통해 자유로운 20대의 젊음과 패기를 느꼈다. 무엇보다 거칠 것 없는 당당함을 느낄 수 있었다. 남한 사회의 역동성에 깊은 감명을 받았다.

에디는 당시 20대 후반이라 같은 학번 친구들에게 의구심, 호기심의 대상이었다. 거리두기와 같은 경계심을 동시에 받았던 기억이 생생하다.

에디는 여대생들을 만나는 미팅에 나가기도 했고, 같은 학번 친구들에게 잘 보이려고 위스키를 차에 싣고 다니기도 했다.

그때 미팅에서 만난 한 여대생이 5년이 지나 강남역 근처에서 만나자며 전화를 걸어왔다. 5년 전 소개팅을 언급하며 어떤 모임에 가자고 간절히 부탁했다. 그 모임에 따라갔더니 다단계 모임이었다. 그때 일은 쓸쓸한 기억으로 남아있다.

　호주나 영국에서의 오리엔테이션이나 소개 문화는 한국과 매우 달랐다. 호주 대학에서 전체 신입생이 참석하는 신입생 오리엔테이션은 1시간 이내에 끝난다. 이어 자율적인 학과별 파티가 대학주변 바나 레스토랑에서 진행된다. 여기서 친구들을 서로 사귄다. 이후 학과별 그룹 과제를 함께 수행하며 더 끈끈한 우정을 나누게 된다. 크리스마스나 부활절 그리고 호주 국경절에도 파티가 학과별로 열린다. 이때는 시드니에서 가장 핫(Hot)하다는 장소인 달링 하버 로케이션(Darling Harbour Location)이나 시드니 오페라하우스 바(SDY Opera House Bar) 등에서 저녁 7시부터 새벽 2~3시까지 파티가 이어진다.

2학년 편입학 대신 1학년 입학

남한에서의 첫 직장은 한국도로공사였다. 하지만 적응이 쉽지 않았다. 남한에서 살아남으려면 대학에서 기초부터 제대로 공부를 해야겠다고 생각, 직장을 포기했다.

에디가 어느 대학을 가면 좋을지 묻자 많은 사람들이 고려대학교를 추천했다. 고려대 학생들은 지방 출신들이 많아 서로 의지하고 선후배끼리 밀어주고 이끌어준다고 했다. 에디처럼 나 홀로 남으로 내려온 사람이 인연을 만들기 좋다는 것이다. 끈끈한 인맥으로 유명한 고려대가 에디에게 안성맞춤이라고 다들 추천했다. 이들의 조언에 따라 에디는 아무런 망설임 없이 고려대에 입학했다.

그때 탈북 입학생을 취재하러 나온 필자를 만났다. 필자도 1학년부터 제대로 공부해야 앞으로 한국생활에 큰 도움이 될 것이라고 조언했다. 2학년에 편입하면 가깝게 사귈 수 있는 동기들도 없고 특히 자본주의 사회를 이해하고 훌륭하게 적응하려면 꼭 대학 1학년 때 가르치는 교양과목들을 수강할 필요가 있다고 했다.

이 조언은 에디의 인생에 엄청난 도움을 줬다. 에디는 고려대 경영대 95학번으로 10년 가까이 차이 나는 고대 경영대 신입생들과 함께 공부하기 시작했다. 그때 만난 동기생들이 지금은 대기업 이사, 기업체 대표, 해외지사 대표 그리고 회계사, 세무사로 활발하게 활동하고 있다. 벌써 30년 가까이 지난 세월을 회고하며 회포를 푼다. 2학년에 바로 편입했다면 만들기 힘들었을 교우관계라고 에디는 종종 생각한다.

고려대 경영대에서 에디를 진심으로 아껴주고 이끌어 준 교수들이 많았다. 조성하 교수, 권수영 교수, 이필상 교수 등 고려대 경영대의 모든 교수들이 에디를 아껴주었고, 귀중한 말씀도 많이 들려줬다. 당시 고려대 홍일식 총장을 비롯한 고려대 교무처 처장 그리고 수위 아저씨들도 잊을 수 없는 분들이다.

오세훈 서울특별시장의 부인인 송현옥 교수의 수업을 잊을 수 없다. 송 교수는 당시 고려대 영어 전임강사로 경영학과의 필수 과목인 영어(1) 과목을 담당했다. 에디의 영어 실력은 한심했다. 송 교수는 에디의 경력을 듣고 너무 안타까워하면서 개인 교습을 해주기도 했다. 그 덕분에 에디는 영어에 재미를 붙였다. 영국 유학과 호주에서 대학생활도 가능했던 것 같다. 항상 감사한 마음이다.

고대 경영 95학번 D반의 소중한 친구들도 에디에게 큰 힘이 됐다. 에디가 어렵고 힘들 때 고려대 동기로서 그리고 형, 아우로서 아낌없이 도와주었다. 지금도 가깝게 지내며 도와주는 동기생과 선배들에게 감사한 마음을 갖고 있다.

에디는 90학번대 초반 선배들과 좋은 관계를 유지했다. 당시 95

학번 동급생들은 1~2학년을 마치자 대부분 군 입대를 했다. 대신에 90, 91학번 선배들이 군 복무를 마치고 대학에 돌아와 에디와 같이 다녔다. 에디는 이북에서의 촌티를 벗지 못했지만, 그때 같이 공부했던 미국 출신 정우준, 최00, 일본 출신 이상수 선배 등 많은 친구와 선배들이 든든한 울타리가 돼 도와주었다. 지금도 에디의 든든한 인맥이자 자산이다.

고려대 학생시절 갔던 MT나 고려대 특유의 문화인 막걸리 사발식을 잊을 수 없다. 새로운 문화이자 특별한 추억이었다. 고려대에 입학하고 1학기 내내 하루가 멀다고, 에디는 동기생들과 안암동 주변의 식당에서 각종 전을 안주로 막걸리 대폿잔을 기울이며 우애를 다지곤 했다.

이북 고향에서도 즐겨 마시던 막걸리였지만 사발식은 새로운 경험이었다. 무엇보다 친구들과 마주 앉아 마시는 막걸리 양이 엄청났다. 한번은 단골 막걸릿집에 술값 대신 대학 학생증을 맡겼다가 혼이 난 적이 있었다. 경영대 교무실 게시판에 "윤00 학생!!!, 00 막걸릿집에 맡기고 간 학생증 찾으러 막걸릿값 가지고 오세요!!!"라는 쪽지가 걸렸다.

당시 에디는 각 지역 대학 대학생이나 공무원을 대상으로 하는 안보강연을 한 달에 일주일씩 다녔다. 그 때문에 깜빡 잊고 2주 이상 그 막걸릿집에 못 갔다. 이 일이 경영대 동기들 사이에 소문이 났다. 만나는 동기, 친구들마다 "막걸릿집 아주머니가 학교로 찾아왔다가 갔어요?"라며 어떻게 된 일이냐고 안부를 물었다.

고려대 1학년 신입생들은 MT 겸한 미팅을 많이 했다. 대상은 주로 숙명여대 학생들이었다. 강촌 등에 함께 가서 소주와 막걸리를 잔뜩 마시며 재미있게 놀았다. 에디는 안보 강연료를 받아 주머니 사정이 넉넉했다. 위스키 몇 병을 사 들고 MT에 가면 동기들로부터 박수를 받기도 했다. 잊을 수 없는 추억이다.

그때 인연을 맺은 고려대 선배, 후배, 동기들 그리고 교수님들이 그동안 큰 도움을 줬다. 그리고 호주 시드니에서 고려대 교우회에 가입, 훌륭한 여러 선배를 만날 수 있었다.

교양과목…남한 세계 이해 길잡이

교양과목 수강은 에디가 남한 사회를 이해하는 길잡이 역할을 했다. 3학년에 편입, 교양과목을 수강하지 않았더라면 남한 사회를 제대로 이해하는 데 어려움이 적지 않았을 것이라고 생각한다. 교양과목으로 한국사, 서울의 지역 문화, 제2외국어(일본어), 동양의 지혜(현대사회의 인성), 골프 기초입문, 비즈니스매너 및 영어, 노사문제 등 10개 과목을 수강했다.

교양과목을 수강하면서 골프를 처음으로 알게 됐다. 또 비즈니스 미팅과 호텔 식사 매너, 서울과 한국의 역사, 노사관계 등에 대해서 배웠다. 이를 통해 차츰 자본주의의 진면모를 알아가게 됐다. 교양과목을 배우며 사회학과, 경제학과 사범대학, 법대에 다니는 학생들과 만나 다양한 교우관계를 맺을 수 있었다. 그들과 만나 인맥의 폭을 넓힐 수 있었고 함께 사회적, 문화적, 국제적인 네트워크를 만들어 갈 수 있었다.

교양과목 중 '서울의 문화유산'은 에디가 전혀 모르던 서울지역 문화유산, 역사 그리고 조선 시대 궁중문화를 새롭게 체험할 수 있는 특별한 기회를 줬다. 당시 이 과목의 담당 교수는 수강생들을 데리고 서울의 주요 역사적인 장소들을 직접 방문했다. 에디는 현장 수업을 통해 서울의 역사를 깊이 있게 이해할 수 있게 됐다.

교양과목으로 수강한 비즈니스 영어도 큰 도움을 줬다. 비즈니스 영어 발음 연습은 처음에 충격을 줬다. 북한에서 배운 것과 많이 달랐기 때문이다. 이때 배운 'Wanna(want to do)' 표현은 에디가 지금도 곧잘 사용한다. 세계적인 기업 및 투자기업들과 파트너로 만나 일을 할 때 예절이 중요하다. 에디는 사업 파트너를 만날 때 교양과목에서 배운 비즈니스 식사 예법을 떠올린다.

북한 지리여행·투자서 잇따라 출간

에디는 남한에서 4권의 책을 출간했다.

출간한 책들 중에 가장 인기 있던 책은『북한의 지리여행』이었다. 에디는 이 책을 북한 지역의 지질탐사 및 광산, 탄광 들에 대한 전문지식을 토대로 저술했다고 자평한다.

남한에는 제대로 소개되지 않았던 북한 자료와 사진 등을 제3국을 통해 국내로 들여와 소개했다. 반응이 참 좋았다. 이 책은 북한의 지질 및 지하자원 등에 대한 연구가 잘 알려지지 않았을 때라 전문서적으로 인정받았다. 베스트셀러 10위권에 올랐던 적도 있었다.

출판기념회를 서울 시청 근처 프레스센터에서 크게 열었다. 덩달아 에디의 인지도도 올라갔다. 이후 에디는 각종 방송, 신문에 자주 소개됐다. 특히 KBS 남북의 창에 5년 이상 출연했다.

96년에『평양가서 돈 버는 108가지 아이디어』(프레스빌)를 잇따라 펴냈다.

북한이 경제적으로 개방한다면 투자를 어디에 해야 할 것인지에 대한 108가지 비즈니스 아이템을 모은 것이었다. 남북경협이 본격화되는 시기를 겨냥했다. 북한당국은 특히 나진선봉 지역에 대한 투자개발 설명회에 남조선 기자들을 초청하려고 했다.

책 발간 소식은 주요 방송사 9시 뉴스와 8시 뉴스에 나갔다. 출판된 지 3일 만에 베스트셀러 3위에 올랐다. 에디에게 인터뷰 제안이 빗발쳤다. 책도 잘 팔렸다.

그렇게 책이 한창 잘 나가고 있을 때 느닷없이 북한의 강릉 잠수함 침투 사건이 발생했다.

1996년 9월 18일 새벽, 강릉 안인진리 대포동 해상에서 암초에 걸린 북한 잠수함이 발견됐다. 잠수함에 타고 있던 북한의 인민무력부 정찰부 소속 장교 7명과 승조원 19명 등 26명이 내륙으로 침투, 그해 11월 5일 인제 연화동 전투까지 강원도 산간과 백두대간에서 추격과 교전이 이어졌다. 1명이 생포되고, 13명이 사살됐다. 또 11명은 침투 당일 도주 중에 목숨을 끊은 채 발견됐다. 1명은 끝내 행방을 찾지 못했다.

한국군은 11명이 작전 중 전사했다. 민간인 4명이 숨지는 안타까

운 희생도 있었다.(강원도민일보 http://www.kado.net 참조)

이 사건으로 이 책의 열기는 순식간에 사그라지고 말았다.

하지만 에디는 북한을 알리기 위한 책 발간을 멈추지 않았다.

1996년 9월 강릉 대포동 해상에 좌초됐던 북한 상어급 잠수함

벤처 사업가로 변신한 에디는 2000년 최초의 남북정상회담을 이틀 앞두고 『평양 비즈니스 아이템 100』(민미디어)을 출간했다. 아이템뱅크, 대북투자 관련 남북한 관련법규, 대북투자에 대한 Q&A 등 크게 4부로 구성했다. 북한의 고급인력 활용방안과 비즈니스 아이디어, 평양음식점, 중고시장, 평양 유흥문화, 유통 및 소매분야, 평양의 교통, 관광지, 온천, 숙박시설, 문화시설, 공업지구, 지하자원 등을 다뤘다.

김대중 대통령과 북한 김정일 국방위원장의 남북정상회담은 전

세계의 이목을 집중시켰다. 그야말로 역사적 사건이었다.

두 정상이 평양 순안공항에서 만나는 장면은 한국통신의 무궁화위성을 통해 국내에 생중계됐다. 방송전파는 북한 현지에 설치된 한국통신의 SNG(위성이동지구국)를 통해 무궁화위성으로 쏘아 올려진 뒤 서울 광진구 광장동의 서울위성지구국을 거쳐 한국통신 광화문전화국내 ITC(TV중계센터)를 거쳐 국내 방송사와 소공동 롯데호텔의 프레스센터로 중계됐다. 이 장면은 또 한국통신 ITC에서 금산위성지구국을 거쳐 인텔샛(국제상업위성기구)위성을 통해 전세계에 전파됐다.

남북정상은 6·15 남북공동선언을 발표, 남북관계가 새로운 시대로 접어들었음을 대내외에 공포했다.

〈남북공동선언〉(전문)

조국의 평화적 통일을 염원하는 온 겨레의 숭고한 뜻에 따라 대한민국 김대중 대통령과 조선민주주의인민공화국 김정일 국방위원장은 2000년 6월13일부터 6월 15일까지 평양에서 역사적인 상봉을 하였으며 정상회담을 가졌다.

남북 정상들은 분단 역사상 처음으로 열린 이번 상봉과 회담이 서로 이해를 증진시키고 남북관계를 발전시키며 평화통일을 실현하는데 중대한 의의를 가진다고 평가하고 다음과 같이 선언한다.

　1. 남과 북은 나라의 통일문제를 그 주인인 우리 민족끼리 서로 힘을 합쳐 자주적으로 해결해 나가기로 하였다.

　2. 남과 북은 나라의 통일을 위한 남측의 연합 제안과 북측의 낮은

단계의 연방제안이 서로 공통성이 있다고 인정하고 앞으로 이 방향에서 통일을 지향시켜 나가기로 하였다.

3. 남과 북은 올해 8.15에 즈음하여 흩어진 가족, 친척 방문단을 교환하며 비전향 장기수 문제를 해결하는 등 인도적 문제를 조속히 풀어나가기로 하였다.

4. 남과 북은 경제협력을 통하여 민족경제를 균형적으로 발전시키고 사회, 문화, 체육, 보건, 환경 등 제반 분야의 협력과 교류를 활성화하여 서로의 신뢰를 다져 나가기로 하였다.

5. 남과 북은 이상과 같은 합의사항을 조속히 실천에 옮기기 위하여 빠른 시일 안에 당국 사이의 대화를 개최하기로 하였다.

김대중 대통령은 김정일 국방위원장이 서울을 방문하도록 정중히 초청하였으며 김정일 국방위원장은 앞으로 적절한 시기에 서울을 방문하기로 하였다.

2000년 6월 15일
대한민국   조선민주주의인민공화국
대 통 령   국방위원장
김 대 중   김 정 일

특히 남북정상은 상호 무력 침략할 의사가 없음을 확인하고 상대방을 위협하는 행위를 자제하기로 합의하는 성과를 거뒀다.

『평양 비즈니스 아이템 100』은 출간 시기가 너무 절묘했다. 출판사 기획자들의 안목이 정말 뛰어났다. 하지만 남북한을 둘러싼 환경변화에는 속수무책이었다.

대학 초청강사 안보강연

　에디는 각종 방송과 신문에 자주 소개되고 출연한 덕분에 일약 유명인사가 됐다. 여러 대학에서 안보강연 연사나 교양과목 일일 강사로 초청했다. 에디는 1998년 2월 장충체육관에서 열린 고려대 신입생 오리엔테이션에 일일 연사로 초대받았다. 같은 해 9월 한양대 교양과목 일일 강사로 초청받아 강의를 한 적이 있다. 이때 기억은 아직도 생생하다.

　고려대 3학년에 재학 중이던 어느 날, 고려대학 홍일식 총장과 고려대 교우회 회장인 정세영 회장의 초청으로 자리를 함께 한적도 있다. 그 자리에서 정 회장의 요청으로 오리엔테이션 연사로 참석하게 됐다. 장충체육관에서 열린 고려대 신입생 오리엔테이션 행사에는 수천여 명의 신입생과 재학생이 참가해 행사장을 가득 메웠다.

　에디는 '통일시대를 준비하는 대학생들에게 북한을 말하다.'라는 주제로 한 시간 정도 강의했다. 에디가 고려대 학생이라고 자신을 소개하자 신입생들이 "와, 와." 하며 호응해줘 크게 고무되었던 추억이 있다.

에디는 남한의 젊은 신세대들이 북한을 올바르게 인식하고 통일을 대비해야 한다고 말했다. 특히 남북협력만이 우리 민족이 번영할 수 있는 유일한 길이라고 강조했다.

또 일일 교양과목 강사로 한양대학교와 성신여대, 덕성여대 등에서 강연했다. 당시 전국 대학에서는 통일 관련 학과가 경쟁처럼 만들어졌다. 북한 출신 대학생들을 초청하여 남북대학생 경험을 비교 설명하는 이른바 남북바로알기운동이 한창이던 시기였다.

한양대 행정대학원은 1997년 2학기에 북한 출신의 귀순자 5명과 국내 북한전문가 6명이 일일 강사로 참여하는 '21세기 세계와 한국'이라는 교양과목을 개설하기도 했다. 고영환 전 콩고 주재 북한 대사관 1등서기관(북한문제조사연구소 연구원)과 조명철 전 김일성대 교수(대외경제정책연구원) 그리고 대학생인 정성산(동국대 연극영화과)·에디(고려대 경영학과)·최동철(한양대 전자공학과) 씨 등이 북한 출신 강사들이었다. 강의 첫날 5백여 명의 학생들이 수강, 북한 배우기에 대한 열기를 반영했다.

에디는 특히 고려대 인근 여자대학교에서 큰 환영을 받았다. 성신여대와 덕성여대는 안암동에서 가까운 대학들인 데다 고려대생들이 이들 학교 여대생들과 학년별 단체 미팅을 자주 해왔기 때문인 것도 같았다.

에디는 서울시내 주요 고등학교들을 방문해 북한 알리기 연사로 출강하기도 했다. 숙명여대 부속여고, 단국대부속고, 경문고, 서라

벌고, 명덕여고 등 20여 개 고등학교들이었다.

1997년 가을, 한 고등학교에서 북한 상황을 설명하는 도중, 어떤 남학생이 손을 번쩍 들어 질문했다. "북한학생들이 배고프다 하는데 왜 그런지 이해가 안 갑니다. 먹을 것이 없으면 라면이라도 끓여 먹으면 되지 않겠습니까?"

에디는 순간 당황했다. 이렇게 대답했다. "글쎄요, 여기서는 라면 하나가 싸다고 하는데 이북 학생들이라면 한 봉지 살려면 미국 돈 1달러는 내야 하는데, 그 돈의 가치는 그들 아버지 한 달 생활비보다 더 많습니다."

이 대답을 들은 그 고등학교 학생들과 선생님들 그리고 방청객으로 온 학부모들도 깜짝 놀라는 모습이었다.

에디는 "남조선 아이들은 북한에 대해서 몰라도 너무 모르네… 이를 어쩌나." 하고 한탄하기도 했었다.

영국 유학…세계인 첫걸음

에디는 당시 '북에서 온 사람들은 반공주의자여야 한다.'라는 기존 관념을 그대로 받아들이지 않았다. 경계인으로 남과 북에 대해 객관적으로 다가가려 노력했다. 이러한 태도는 당시 사회적 분위기에도 맞았다. 에디는 KBS 주말 프로그램인 '남북의 창'의 한 코너에서 남북의 문화와 생활환경 차이를 소개하는 리포터로 활동했다.

에디는 한 방송국에서 기획한 드라마에 메인 작가로 참여했다. 2년간 10여 명의 작가들과 함께 대본 작업을 했다. 이 드라마는 결국 정치적인 이유로 방송되지 못했다.

1990년대 말에는 한국 매스컴 출연과 책 출간으로 식당에 식사하러 가면 알아보는 사람들도 있었다. 그러던 중 정치권에서 러브콜을 받은 적이 있었다. 중도의 이미지를 갖고 있는 에디에게 서울시 의원에 출마해 경력을 쌓은 뒤 국회의원으로 출마하지 않겠느냐는 제의도 들어왔다.

정치에 입문하려면 선진국의 경험과 배움이 필요하다고 판단한 에디는 2001년 영국으로 건너갔다. 유력 대선후보 정치인 측의 제안도 있었다. 서울시 의회 선거에 출마하기 위한 준비의 일환이기도 했다.

옥스퍼드대학이나 런던대학(School of Orient) 대학원에 입학이 가능하다는 연락을 대학 관계자들로부터 받은 상태였다. 옥스퍼드시와 런던에 있는 킹스 칼리지(King's College London)에서 영어 어학 및 비즈니스 코스를 다녔다. 당시 계획은 옥스퍼드 대학원과정을 거쳐 박사학위를 따려고 했다. 하지만 킹스 칼리지에서 비즈니스 디플로마 과정만 이수하고 가족과 사업적인 이유로 박사과정 진학은 포기했다.

옥스퍼드하면 옥스퍼드대학을 떠올린다. 옥스퍼드는 작은 도시의 읍 소재지 이름이기도 하다. 옥스퍼드에는 3개 이상의 종합대학과 각종 사설 대학, 단과 학교들이 있다. 옥스퍼드에는 영국에서 가장 큰 BMW 회사 조립공장도 있다.

옥스퍼드에는 옥스퍼드라는 강이 있다. 이 강의 이름은 OX(소떼)들이 건너는 여울목(Ford)에서 유래했다고 한다. 옥스퍼드 강은 크지 않지만 런던 시내를 관통하는 테임즈강(River Tames)의 상류라 영국인들에겐 특별한 의미가 있다.

옥스퍼드는 잊을 수 없는 곳이다. 전형적인 영국의 날씨다. 쌀쌀하고, 보슬비가 내리고, 안개가 자주 낀다.(Chilly & Rainy & Misty.) 특히 가을과 겨울 옥스퍼드는 춥고 비와 눈이 자주 내렸다. 다행스럽게 에디는 이런 날씨를 좋아했다

학교 수업을 마치고 숙소에 돌아오면 어둡고 추웠다. 에디는 눈

이나 비가 내리고 바람이 부는 창밖을 우두커니 바라봤다. 인간은 왜 태어났으며 죽으면 어디로 갈까? 이 큰 우주를 만들고 움직이는 그 슈퍼 파워는 과연 무엇일까 하는, 철학적이고 종교적인 물음에 빠져들었다. 밤새 물음을 지속했다.

때로는 홈스테이에서 가까운 영국식 선술집에 가서 동네 아저씨, 할아버지들과 서툰 영어를 써가며 밤새 스코틀랜드산 흑맥주인 기네스를 마시기도 했다. 잔을 채운 기네스 맥주의 거품 비율을 놓고 바텐더와 입씨름도 하고 홈스테이 집주인 아저씨(Mr. Morten Hill)의 아들을 만나 마을 사람들을 소개받기도 했다.

에디는 영국의 음식에 완전히 적응한 최초의 북한 출신 유학생이라고 스스로를 여겼다. 묘한 자부심이었다. 영국인들이 즐겨 먹는 피시앤칩스(Fish & Chips)가 얼마나 맛있는지 알았다. 자주 즐겼다. 특히 주머니 사정이 궁했던 에디에게 영국식 샌드위치는 최고의 아침 식사였다. 영국식 바게트에 영국산 햄, 토마토, 살라미, 치즈, 그리고 새콤한 맛의 소스는 에디의 입맛에 최고였다. 특별히 영국에서 만든 걸쭉한 오렌지 주스는 일품이었다.

에디는 한 달 동안 아침, 점심, 저녁을 줄곧 샌드위치만 먹기도 했다. 에디의 진기록이다. 지금도 영국 친구들은 에디를 '미스터 샌드위치(Mr. Sandwich)'라고 즐겨 부른다. 옥스퍼드에서 경험은 에디의 변화를 불러왔다. 영국의 문화와 정치, 경제에 대한 지식을 쌓았다. 겸손한 영국인들과 스코틀랜드인들로부터 서로를 배려하는 방법과 우호적이 않은 사람들을 대하는 협상법을 배웠다.

영국의 신사 문화와 로얄패밀리 문화를 접할 수 있었다. 또한 동양인에 대한 차별도 직접 느낄 수 있었다. 홈스테이를 하는 모르텐 씨 부부(Mr, Mrs Morten)는 에디를 '미스터 피기(Mr. Piggy)'라고 불렀다. 이 집에서 하숙하면서 영국식 저녁 식사와 바 문화를 경험했다. 에드는 밤에 몰래 김치와 라면을 먹었다. 그런 날 아침이면 노부부는 김치 냄새가 난다며 몹시 힘들어했다. 그때만 해도 김치가 세계적인 건강식품으로 알려지지 않았을 때였다.

에디는 영국에서 공부하면서 한국 정치에 발을 들여놓기보다 동아시아 경제 문화 전공자가 되는 게 낫겠다는 생각을 했다. 이 분야의 석 박사 학위를 취득해 동아시아 지역 경제 전문가로 살아갈 결심을 했다. 정치 입문은 이때 포기했다. 박사 학위 과정 입학도 당시 여러 사정 때문에 하지 못했다.

시드니 경영대학원서 회계사 자격 취득

영국 유학을 끝내고 한국에 다시 와보니 호주가 아이들 교육여건이 더 나아 보였다. 아내가 호주 시민권자였고 시드니에서 학교를 졸업했기 때문에 여러모로 아이들에게 좋을 것 같았다. 아내가 영어 학원을 하기도 했지만, 한국에서 자녀 영어 교육 등에 들어가는 과외비용이 너무 많이 들었다. 결국 호주로 떠나기로 결심했다. 아내에게 시드니는 제2의 고향이었다. 아이들은 어려 호주 생활에 잘 적응했다.

하지만 호주는 에디에겐 새로운 도전이 기다리고 있는 낯선 세계였다. 호주는 또 한국과 북한 등 아시아 문화권과는 많이 다른 백인 문화권이다. 특히 언어가 큰 걸림돌로 작용했다. 영어를 제대로 하지 못하면 엄청난 불편이 따랐다. 전문직으로 진출할 수도 없고 자격증도 취득하기도 어려웠다. 호주에 오기 전에 영국 옥스퍼드 등에서 영어로 공부했기 때문에 그나마 도움이 됐다.

한국에서 경영학을 전공한 에디는 대학원에서 회계사 자격 취득을 우선 목표로 삼았다. 에디가 지원한 뉴사우스웨일즈대학(The University of New South Wales, UNSW)은 호주에서 1~3위권을 다투는 주립대학이었다. 경영학 분야에서는 순위가 호주에서 1위였다. 이 대학원 석박사과정에 입학하려면 이 대학에서 개설한 영어코스(Academic English Course)를 최소 6개월 이수해야 했다. 아카데믹 영어시험(듣기, 쓰기, 말하기)에서 레벨 6.5 이상(레벨 7 이상은 본토 발음과 같아야 받을 수 있는 수준임)을 받아야 입학허가를 받을 수 있었다.

에디는 영어코스를 먼저 들었다. 학비 부담이 만만치 않았다. 7개월 만에 졸업했다. 작문(Writing)에서는 7만점에 7점으로 동기들 중 최고 성적을 받았다. 덕분에 무난히 대학원 입학 허가를 받았다.

대학원 학사 일정은 4학기 코스였다. 에디는 일과 학업을 병행해야 해 6학기 만에 졸업했다.

대학원 동기들 중 50%는 부유한 중국계 여대생들이었다. 이들은 똑똑했다. 공부도 치열하게 했다. 이들은 에디보다 성적도 좋았다.

UNSW 대학원 특히 회계전문과정 대학원에서 성적은 절대 평가가 아니라 상대 평가로 매겨졌다. 대학원생들끼리 경쟁이 치열했다. 중국 학생들은 중국인 선배들로부터 전해져 내려오는 시험지, 일명 족보를 가지고 시험공부를 했다. 호주 출신 백인 학생들은 영어가 모국어라 에디는 그들의 경쟁 상대가 되질 못 했다.

대학원에서 살아남는 방법은 그들보다 배 이상의 시간을 투자하여 실력으로 이기는 것뿐이었다.

잠자는 시간도 줄여가며 치열하게 공부했다. 그랬더니 머리카락이 빠지기 시작했다. 겁이 나서 당시 지역의 담당의사(GP)에게 찾아갔더니 "굉장히 높은 혈압입니다. 160/95입니다. 어떤 일을 하시는데 이렇게 머리카락도 빠지고 혈압이 높으십니까?"라고 물었다. 에디는 "회계사가 되기 위해 대학원과정에 다니고 있습니다. 너무 경쟁이 심해서 하루에 4시간 이상 자기 어렵습니다."라고 하소연하자 의사는 "회계사가 되기도 전에 쓰러질 수 있으니 적당히 하세요."라고 했다.

이때부터 에디는 혈압약을 복용하기 시작했고 15년이 지난 지금도 혈압약을 먹고 있다.

대학원 3학기 중에 회계관리라는 과목 그룹프로젝트에 중국인 2명, 인도인 1명, 그리고 에디가 함께 참여했다. 중국 여자 대학생들과 인도 남자 대학생 간에 치열한 경쟁이 시작됐다. 같은 그룹끼리 그룹프로젝트 참여도에 따라 상대평가 점수를 줬다. 중국 여학생들과 인도 남학생은 서로 경쟁 관계였다. 에디에게 자기들 편에서 중재해 주기를 바라는 상황도 벌어졌다.

에디는 중국 여대생들이 인도 남학생을 너무 힘들게 하는 것이 안타까워 인도 남학생 편을 들어줬다. 물론 그 이후부터 에디와 중국 여대생들과의 관계는 껄끄러워졌지만 말이다.

이렇게 대학원에 입학한 지 3년 만에 경영대학원 회계전문대학원을 졸업했다. 졸업과 동시에 호주 정부가 인정하는 회계사 자격증을 받았다.

아내의 신장 한쪽…시한부 에디 되살려

아내 "제2 인생 하나님과 가족만을 위해 살아달라"

호주에서 밑바닥부터 기반을 닦아 회계사가 됐다. 그야말로 탄탄대로가 열렸다. 성공 가도를 달리던 2020년 초. 생명의 불꽃이 다하고 있다는 청천벽력과도 같은 소리를 들었다. 시한부 선고였다. 신장이 더 이상 제 기능을 못해 투석을 해도 4~5년을 버티기 힘들다는 판정이었다. 다른 사람의 신장을 이식하지 않으면 더는 살기 힘들다고 의사가 최종 진단을 내렸다.

위험 신호는 이전에도 있었다. 2018년 신장에 유전적 이상이 있다는 진단을 받았다. 양쪽 신장(콩팥) 기능이 20% 이하로 떨어지고 있었다. 보통 신장기능이 20% 이하로 떨어지면 투석을 곧바로 시작해야 한다. 그런데도 아랑곳하지 않았다.

중요한 비즈니스 프로젝트를 해야 한다는 이유를 대며 시드니에서 동아시아 지역으로 부리나케 출장을 다녔다. 건강 이상 신호에도 술자리를 마다하지 않았다. 어떤 순간에도 기죽지 않고 버텨온 기개라고 스스로 여겼다. 필요 이상으로 용감했다.

만용이었다.

그로부터 1년여가 지나자 더는 버틸 수 없는 지경이 됐다. 시드니 최고 병원인 RNSH에서 투석을 곧바로 시작해야 한다는 진단을 내렸다. 병원에서는 신장투석 대신 복막투석을 추천했다. 복막투석은 말기 신부전증 환자의 신장기능이 상실됐을 때 체내에 축적된 요독성분을 제거하기 위해 사용하는 방법이다. 복강 안에 특수한 도관을 삽입해 투석액을 주입하고 배출한다. 에디는 매일 저녁 10시부터 새벽 6시까지 8시간씩 투석기를 이용해 투석을 했다. 하지만 몸 상태는 점점 나빠졌다. 하루에 15분 이상 걷기조차 힘들었다.

유전으로 인한 가족력이 발병의 원인이었다. 죽을힘을 다해 살아온 대가치고는 가혹하다는 생각도 들었다. 운명이니 어쩔 수 없다고 생각했다. 자포자기하는 마음도 없지 않았다. 하지만 아들과 딸, 아내 그리고 북에 두고 온 가족, 돌아가신 부모님 생각이 많이 났다.

기적은 일어나지 않았다. 몇 년이 지나면 세상을 영영 하직해야 했다. 참으로 가혹한 순간들의 연속이었다. 살려면 선택은 하나밖에 없었다. 신장을 이식받아야 했다.

하지만 막막했다. 신장이식을 해줄 수 있는 형들은 저기 수천 km 떨어진, 지구 반대편 해외여행조차 허락하지 않는 북한에 살고 있었다. 형들이 신장을 이식해주고 싶어도 할 수가 없었다. 호주에서 신장 기증을 받을 수 있는 길은 있지만, 대기자 명단을 고려하면 최소 4~5년이라는 기간을 기다려야 했다.

기다리다 신장 기증 기회를 얻지 못하면 운명이 다할 수도 있었다. 삶의 종착점이 다가오고 있음을 절감했다. 달리 어떻게 해볼 도리가 없었다. 할 수 있는 일은 체념하고 마지막을 준비하는 것뿐이었다.

북에서 27년, 남한에서 8년, 그리고 해외에서 20년의 삶의 길을 되돌아봤다. 그리고 살아온 과정을 글로 정리했다. 아들과 딸 그리고 이들이 결혼해 낳을 아이들에게 에디가 어떻게 호주까지 오게 되었는지 들려주고 싶었다.

생명의 불꽃은 점점 꺼져갔다. 그 순간 에디는 억울함에 분노하기보다 감사했다. 목숨을 건 탈북을 시도해 어릴 적부터 꿈꿔온 일들을 거의 다 이루었다는 생각이 들었다. 세계 무대에서 일자리 잡기, 영어 자유자재로 구사하기, 국제적 감각을 지닌 세련된 여성과 결혼하기, 자녀를 세계인으로 키우기, 전세계 여행 그리고 부모형제에게 경제적인 도움제공이라는 다섯까지 꿈을 달성했다는 것이다. 스스로 그 꿈들을 85% 이상 이뤘다고 평가했다. 사실은 85% 이상 꿈을 이루게 해준 것은 아내의 공이라고 에디는 감사하고 있다.

아버지의 세계지도를 나침반 삼아 더 큰 세상으로 나올 수 있었다. 이렇게 생각하니 에디는 스스로 꿈꿔온 일들을 벌써 다 이뤘다는 생각이 들었다. 감사한 마음뿐이었다.

북한에서 몰랐던 하나님께 감사를 드리고, 새 생명을 부여해준 아내와 그리고 잘 자라준 딸과 아들이 고마웠다. 친지들, 선배와 동료, 친구들에게 감사했다.

간절한 마음을 담은 글을 썼다. 딸, 아들에게 이메일로 보냈다. 몇 개월 뒤 다소 심각한 어조로 "아빠 편지를 읽었니? 소감은 어때?(Have you guys read my biography? I had sent it to you by email. What is your feeling or feedback?)"라고 물었다.

아이들의 답변은 전혀 예상치 못한 것이었다. "아니, 아빠가 아직 죽지 않았고 오래 살건 데 왜 그걸 벌써 읽어?"라고 답했다. 이메일을 열어봤는지 열어보지 않았는지 확인해 보진 않았다. 아마 아빠를 떠나보낼 마음의 준비가 되질 않아 차마 열어보지 못한 것 같았다. 아이들이 함께 더 살 수 있길 간절히 원하고 있다는 생각에 설움이 복받쳐 올랐다. 착잡한 마음이 들었다.

마침내 기적이 찾아왔다. 아내가 조직검사를 했는데 신장이식이 가능하다는 판정을 받았다. RNSH 전문의사들은 이런 경우는 기적이라고 했다.

여러 사람을 대상으로 한 수많은 검사에서도 면역 적합성, 조직 적합성 등 10여 가지 적합성 검사에서 일치하는 사례가 나오기 힘들다. 확률이 매우 낮다. 부부 사이에 각종 면역적합성과 조직적합성이 맞는 사례는 희귀하다. 부부는 1대 1 비교라 서로 일치할 확률이 매우 낮다.

호주에서 신장기증 절차는 매우 까다롭다. 사랑해서 목숨까지 줄수 있다는 부부 사이라고 해도 예외가 없다. 사전 검증을 철저하게 한다. 무엇보다 자발적인 기여가 아닌지 꼼꼼하게 따진다. 신장 공여자가 가족이나 남편 혹은 아내로부터 강요나 압박을 받았다는 의

혹이 제기되면 기증 절차는 곧바로 중단된다.

병원 심리상담 담당부서에서 에디 아내를 상대로 수십 차례에 걸쳐 대면 상담을 했다. "남편이나 그 가족 혹은 당신이 속한 단체나 지역 사회로부터 받은 무언의 압박이나 협박 때문에 신장이식을 결정했나? 그렇다면 비밀리에 알려달라. 의학적인 불일치 이유로 당신 남편에게 신장을 제공할 수 없다고 공식적으로 당신 남편이나 담당 부서에 통보해줄 수 있다."라며 되풀이해서 물었다.

이런 심리상담은 아내가 이식수술을 하러 수술대에 눕는 그 순간까지 지속적으로 이뤄졌다. 만에 하나 자의에 의한 것이 아니라고 드러나면 이식 절차는 곧바로 중단된다.

공여자의 몸 상태도 중요하다. 조직 적합도 검사에서 일치 소견이 나와도 당장 수술을 할 수는 없다. 에디 아내도 신체적인 준비가 100% 되어있지 않은 상태였다. RNSH에서 이식제공 적합도 검사를 받았을 때 당뇨 전 단계 판정을 받았다.

아내는 "어떻게 하면 이식수술을 해줄 수 있을까요? 선생님." 하면서 담당 의사에게 간절하게 매달렸다. 체중을 3kg 이상 줄이고, 식이요법으로 체질을 바꿔야 한다는 조언을 들었다. 3개월 동안 철저한 식이요법과 운동으로 체질을 바꿨다. 당뇨 전 단계에서 벗어났고, 체중도 55kg 이하로 줄였다.

에디는 아내의 신장이식을 처음에 완강하게 반대했다. 자신 때문에 아내의 건강이 나빠지지 않을까 해서였다. 아내는 결심을 굽히지 않았다. 남편에 대한 조건 없는 사랑이었다. 하나님의 크나큰 사랑을 남편에게 보여줘야 한다는 의지가 확고했다.

아내는 하나님을 절대적으로 믿는 크리스천(기독교인)으로서 하나님과 예수님이 보여준 사랑, 희생정신을 행동으로 옮기기 위해서 신장 기여를 결심했다고 간증하곤 한다. 신학대학교에 진학했다. 이제 목회자의 길을 걸을 준비를 하고 있다.

최종적으로 신장이식이 결정되자 다음과 같은 약속을 해달라고 에디에게 간곡하게 요청했다. "하나님을 당신의 구세주로 받아들이고 제2의 인생을 하나님 나라, 그리고 가족을 위해서만 사용해야 한다."고 했다.

에디는 결심했다. 하나님과 예수님을 받아들였다. 지금도 교회에 열심히 나가고 또 성경 말씀대로 살기 위해 노력하고 있다.

시드니 최고의 신장이식 병원인 RNSH에서 이식수술을 진행하기로 했다. 더딘 의료행정으로 인해 수술 일정이 자꾸 밀렸다. 한시가 급한 에디 부부는 초조했다. 한국에서 수술할 수 있을지 여부를 필자에게 알아봐 달라고 요청했다.

한양대학병원에서 수술할 수 있다고 했다. 약 3억 원의 수술 비용도 마련했다. 호주시민권자라 외국인 신분으로 한국에서 신장이식 수술을 받으려면 이 정도 비용이 든다고 한다.

하지만 한국행이 쉽지 않았다. 에디의 몸 상태도 비행기를 타기에는 무리였다. 여러 가지 위험이 적지 않았다. 무엇보다 당시 코로나19가 전세계를 휩쓸고 있었다. 계속 날짜만 흘러갔다. 초조하고 힘든 순간의 연속이었다.

호주 병원에서 수술을 하자고 연락이 왔다.

에디의 아내는 체질개선을 위해 식이요법과 함께 운동을 열심히 했다. 당뇨 전 단계에서 벗어났다. 신장이식이 가능한 몸 상태를 만들었다. 이런 노력을 지켜본 RNSH 담당의사인 쉔 박사(Dr. Shen)가 감동해 동료 의사들을 설득했다. 2021년 5월 이식수술 날짜가 잡혔다.

아내의 몸에서 분리된 신장 한쪽은 곧바로 에디의 몸에 이식됐다. 이 수술은 장장 5시간가량 진행됐다.

신장이식 수술비는 의료보험을 통해 거의 감면받았다. 무료 수술이나 마찬가지였다. 호주 시민권자로서 엄청난 혜택을 누렸다.

에디는 깊은 마취에서 깨어나 눈을 떴다. 간호사들은 "수고했습니다. 미스터 윤, 수술이 잘 됐습니다. 신장이 벌써 매우 잘 작동하고 있습니다. 축하합니다.(Mr. Yoon. Well done, your new kidney is working very well already! Congratulations.)"라고 크게 외쳤다. 이구동성으로 축하해줬다.

곁에 있던 에디 딸은 눈물을 흘렸다. "아빠. 이제 살았네."라고 말했다. 에디는 "엄마는 괜찮아? 우리 하나님께 감사하고 잘 믿자."라고 딸에게 말했다. 담당의사인 쉔 박사는 "당신 신장은 이식하자마자 아주 잘 돌아갑니다. 이런 경우가 쉽지 않아요. 당신 혈당 수치가 바로 정상으로 돌아왔습니다."라며 놀라워했다.

에디는 건너편 방에 있던 아내를 다시 만났다. 약 일주일 후 에디 부부는 건강한 몸으로 집으로 돌아왔다.

아내의 몸은 약 3주 뒤 정상적인 생활을 하는 데 불편하지 않은 상태로 회복됐다. 에디는 병원에서 약 4주간의 집중 치료를 받은 뒤 일주일에 3일 통원치료를 3개월에 걸쳐 받았다. 에디 몸에 부착된 각종 의료 장치도 서서히 제거했다. 이후 3개월 동안은 일주일에 한번씩 병원을 찾았다. 이식수술 후 이런 병원 치료를 모두 8개월가량 받았다.

에디가 병원을 갈 때 아들이 매일 차로 태워다 줬다. 에디가 수술대에 오르기 전에 아들은 운전면허가 없었다. 오로지 아버지의 통원치료를 담당하기 위해 아들은 운전면허 시험을 준비했다. 에디 부부가 수술을 준비하는 약 3개월 동안 운전면허 개인 교습을 받았다. 에디가 수술하기 일주일 전에 운전면허시험에 합격했다. 이것도 에디 부부에겐 행운이자 감격스러운 하나의 기적이었다.

수술 후 에디에게 가장 큰 변화는 믿음이다. 북한에서 종교를 마약이라고 배웠다.

북에서는 종교 특히 기독교를 사람들의 머리를 병들게 만드는 마약이라고 했다. 그리고 남한에 와서 당시 일본의 옴진리교 사태와 집단 자살하는 휴거 소동 등을 접했다. 그러다 보니 종교인들을 경멸했다. 종교를 가능한 한 멀리하려고 했다.

지금은 다르다. 아내가 신장 한쪽을 내어줬다. 하나님 사랑의 실천이었다. 뼛속까지 전해오는 감동이었다. 아내를 만나 기독교인으로 거듭났다는 사실에 에디는 무척 자부심을 느낀다. 다른 사람을 만나면 하나님을 믿으라고 한다.

"외할아버지 목소리 닮아 친근"

아내를 만난 것은 우연이라고 하기보다 필연에 가깝다고 에디는 말한다. 한국에서 태어나 가족과 함께 호주에 이민을 간 에디 아내는 고등학교와 대학교를 시드니에서 다녔다. 북한에서 나고 자란 에디와는 성장 환경이 너무도 달랐다. 보이지 않는 손이 이어주지 않았다면 도무지 만날 수 없는 사람들이었다.

북한의 지리여행 발간 이후 TV와 신문 등 각종 매스컴에 소개돼 유명세를 타고 있었을 때, 에디는 아내를 만났다. 그때 유명세 덕분인지 주변에서 여성들을 소개해주겠다는 사람들이 꽤 있었다.

하지만 남한에서 적응하느라 바빠 연애는 그림의 떡이었다. 서울 여자들이 얼마나 까탈스러운가? 지방에서 올라온 친구들도 서울 출신 여대생을 만나 사귀기가 만만치 않다고 했다. 에디는 남조선 여자들 특히 서울 여자와 연애는 쉽지 않겠다고 판단했다.

한 친구가 외국에서 공부하고 자란 여성을 소개해주겠다고 했다. 외국에서 자랐다는 말에 솔깃했다. 사라(Sarah)라고 했다. 강남 역삼동의 한 호텔 커피숍에서 만나기로 했다. 아마 3월 1일로 기억이 된다.

15분쯤 기다렸을까 당시 한국 여성들 사이에선 보기 힘든 사자머리를 한 여성이 커피숍 안으로 걸어 들어왔다. 만나기로 한 여성이 아닐까 하는 생각에 가슴이 갑자기 두근거렸다. 자유분방하고 개성 있는 패션도 에디의 눈길을 한 번에 사로잡았다.

사라는 에디가 있는 자리로 성큼 다가왔다. 서로 인사를 건네고 한 시간가량 이야기를 했다. 무슨 말을 했는지 도통 기억이 나질 않는다. 하지만 에디는 지금도 그때 그 순간의 번개처럼 벅차올랐던 감정을 잊을 수 없다.

첫 만남의 시간은 길지 않았다. 사라는 다른 곳에 약속이 있다며 일어섰다. 차를 가지고 왔던 에디는 용기를 내 "제가 모셔다 드릴까요?"라고 했다. 사라가 이를 선뜻 받아들였다.

겨울이라 차 운전석과 조수석에 털로 된 시트가 있었다. 목적지에 도착해 내리던 사라의 바지에 시트 커버의 털이 몇 가닥 묻어 있었다. 에디는 겸연쩍었지만 바지에 털을 달고 다니면 안 될 것 같아 곧장 "저기, 제 차 좌석 커버의 털이 바지에 붙었는데 제가 떼드릴까요?"라고 말했다.

사라는 웃으며 "예, 그래 주시면 감사하겠습니다."라고 답했다. 에디는 털을 떼어낸 후 "다음에 연락해서 식사라도 할까요?"라고 두 번째 만남을 제의했다. 사라가 "예, 그렇게 하겠습니다."라고 화답했다.

두 번째 만남 이후 급속도로 가까워졌다. 불과 몇 개월 후에 둘은 결혼했다. 번갯불에 콩 구워 먹는다는 속담이 있지만 꼭 그런 것 같았다. 만나면서 인연이라는 생각이 들었던 것 같다.

에디가 결혼 후 아내에게 "그때 자기는 어떤 점이 좋아서 두 번째 만나겠다고 했어?"라고 물은 적이 있다. 사라는 "첫째는 자기 목소리가 우리 외할아버지 목소리와 억양을 닮아 아주 친근했고, 그리고 내 바지에 묻었던 털을 순진하게 털어주겠다고 해서 너무 자상하다고 생각해서 그랬지."라며 "하하." 웃으며 답한 적이 있다.

나중에 결혼해보니 처가의 외가 쪽이 이북출신 실향민 가족이었다. 아내 외할아버지는 해방 후 월남해 경기도에 자리 잡고 있었다. 외조부는 평북 정주 출신으로 해방되기 전부터 교회 집사였다고 한다. 뒤이어 장모도 6·25전쟁 때 남쪽으로 넘어왔고 어릴 때부터 교회를 다녔다.

에디는 서로 북을 고향으로 둔 사람들이라는 인연이 사라를 만나게 했다고 믿고 있다. 자녀들에게 북쪽 고향을 얘기하며 남북이 통일돼 이북 사촌들을 만나면 서로 잘 지내야 한다고 말한다. "너희 핏줄의 75%는 북한이란다. 왜냐하면 아빠가 100%이고 엄마가 50%인데 엄마 피의 50%는 또 이북이기 때문이지. 그러니 이북을 잊지 말고 동포들을 도와주어야 한다."라고.

"우리를 위해 돌아가신 예수님"…일곱 살 아들의 권유

탈북 이후 혼란스러웠던 것들 중의 하나가 종교였다. 서울에 도착, 안가라고 불리는 건물에서 8개월가량 사회적응 기간을 보낸 적이 있다. 여의도에서 가까운 지역이었다. 4층에 있는 방에서 생활했다. 방에서 옆 동네 마을을 바라보면 붉은 십자가가 달린 건물에 일요일이면 많은 사람들이 들락날락했다. 이를 보며 몹시 궁금했다.

담당공무원에게 물었다. "일요일에 푹 쉬어야 할 텐데 왜 일요일에 많은 사람들이 교회라는 데를 찾아옵니까? 혹시 돈이나 선물을 나눠 주기라도 합니까? 혹시 가능하면 나도 한번 가봐도 될까요?"

그의 대답은 "글쎄요, 아직은 어렵습니다. 나중에 사회에 나가면 잘 알게 되니까, 그때 가보세요."였다. 몇 개월이 더 흘러 주민등록증을 받고 사회에 나왔을 때 관련 기관에서 연락이 왔다. "여의도 한 교회에서 당신과 대학생 두 명을 초청한다는데 가볼 거요?" 에디는 "예, 한번 가보고 싶습니다, 제 친구들도 함께 갈게요."라고 답했다.

그 다음 주 일요일 에디는 친구 2명과 함께 나가 교회에 한동안 다닌 적이 있다. 하지만 교회 설교와 만남이 북한에서 했던 주말 생활총화 방식과 너무도 비슷해 에디는 거부감이 점점 느껴졌다. 그리고 2~3주 지나서부터는 더는 교회에 나가질 않았다.

함께 온 친구의 권유로 동두천 지역에 있는 절을 방문한 적이 있다. 교회에 나갔던 세 친구가 다 같이 절에 갔다. 마음씨 좋아 보이는 스님(나중에 알고 보니 불교계 큰 스님이었다)으로부터 융숭한 대접을 받았다. '00지장회'라는 불교 친목 모임에 들어갔다. 자주 큰스님을 찾아가 식사도 하고 주변 구경도 하면서 한동안 가깝게 지내기도 했다.

하지만 이런 활동이 가슴에 크게 와닿지는 않았다. 불교 모임 참여와 스님과의 만남도 뜸해졌다. 결국 소식이 끊겼다.

종교인들에 대한 불신은 무엇보다 북한에서 깊이 세뇌되었기 때문이었다. 에디는 북한에서 종교는 마약이라고 교육받았다. 또 종교는 제국주의자들이 어리숙한 국민들을 더 어리석게 만드는 방법 중에 하나라고 배웠다. 남한에 와서도 TV와 신문 등을 보면 종교와 이단 문제에 대한 비판이 끊이지 않았다. 당시 일본의 옴진리교 사건, 휴거를 부르짖는 사건 그리고 사찰 이권을 둘러싼 패싸움은 종교에 대한 부정적인 인식을 더 강하게 했다.

1990년 초반 평양에서 대학에 다닐 때 가까운 친구가 만경대구역 칠골동 칠골교회 주변에 살았다. 친구 집을 자주 찾아가 술 한

잔 하기도 했다. 에디는 "교회가 왜 여기에 있을까? 교회가 마약이라고 하는데, 저 안에 한번 들어가 보면 어떨까?" 하며 몹시 궁금했다.

어느 날 술에 취해 친구에게 중얼거렸다. "오늘 밤 저 교회에 조용히 가봅시다. 궁금해서 그래요."라고 하자 "왜 그런 무서운 이야기 하니? 저 주변에 얼씬거렸다간 반동으로 몰리기 딱 좋아, 너 조심해라!"라고 그 친구가 아주 심각하게 이야기했다. 에디는 그날 일을 또렷하게 기억한다.

뒤에 알아봤더니 그 주변에 어슬렁거리다가 오해를 받아 관련 당국에서 조사받은 이들이 있었다. 주변 사람들은 교회 근처에 얼씬거리지 않고 일부러 먼 곳으로 돌아다녔다.

남한에 오고 나서 한 참 지나서 6·25 이전에 북한에 교회가 많았다는 이야기를 들었다. 그래도 종교에 별다른 관심이나 흥미가 생기지 않았다.

한국 기독교 교회사를 보면 평양은 1907년 평양 장대현교회에서 일어난 대부흥을 계기로, 동방의 예루살렘으로 불렸다. 평양은 기독교가 번성한 도시였다. 장대현교회 자리는 오늘날 평양의 중심지인 만수대 평양학생청소년 궁전이다. 또 아직까지 남아있는 평안남도 대동군 용산면 하리 칠골교회는 김일성 집안과도 깊은 인연이 있다. 김일성 어머니 강반석은 아버지 강돈욱이 장로로 있었던 이 교회에서 '베드로(반석)'라는 세례명을 받았다. 본명은 강신희였다. 강돈욱은 창덕학교를 세우는 등 교육자로 크게 알려진 인물이다.

동아일보는 1927년 7월 4일 자 신문에 강돈욱을 사진과 함께 소개하기도 했다. 김일성 어머니에게 반석이라는 새로운 이름을 지어준 사람은 빌리 그레이엄(Billy Graham) 목사의 장인인 미국 침례교 목사 넬슨 벨(I. Nelson Bell)이었다. 이런 인연으로 그레이엄 목사가 1992년과 1994년 김일성종합대학교에서 강의할 수 있었다고 한다. 2018년 100세로 타계한 그레이엄 목사는 20세기 미국 개신교에 가장 영향을 끼친 인물로 평가받는다. 1973년 여의도 광장에서 그레이엄 목사가 연 복음집회에 100만 인파가 몰리기도 했다. 김일성의 아버지 김형직은 김일성이 태어났을 때인 1912년 교인만 들어갈 수 있었던 숭실중학교를 다녔다.(김일성 1912~1945 상권 성장과 시련(유순호, 서울셀렉션, 2020) p46-50 참조)

에디는 자신의 집안과 기독교와 인연이 어디서 시작됐는지는 모른다. 하나님에 대한 마음의 문이 어느 순간 활짝 열렸다. 에디는 호주에서 잠깐 가족과 떨어져 산 적이 있었다. 하루는 7살 난 아들과 같이 오랜만에 만나 시드니 도심지역 록스(Rocks)라는 지역에서 열리는 장터에 놀러 갔다. 일곱 살짜리 아들이 "아빠 하나님을 믿어요?(Do you believe in God?)"라고 물었다. 에디는 "아니, 그런 건 왜 믿어, 너는 믿어?"라고 되물었다. "아빠, 하나님을 믿는 게 좋을 거예요. 예수님께서는 우리를 위해 돌아가셨잖아요.(Dad, you'd better to believe in God, because Jesus died for us.)"라고 심각한 어조로 말했다.

에디는 "그래 내 아들이 믿고 있고, 아빠에게 믿으라고 부탁하는

데, 뭐가 힘들어 못 믿겠어?"라고 답했다. 그 뒤로 한인 교회에 나가 하나님, 예수님, 성령을 찾기 시작했다. 그 당시 육체적으로, 정신적으로, 대학원 학습과제로 3중, 4중의 고통 속에 있었다.

사무치게 그리운 어머니···교사 출신 노동당원

어머니가 사무치게 그립다. 어머니는 평안남도 룡강 지역에서 태어났다. 어머니의 집안은 대대로 평안남도 지역에서 과수원 농사를 했다. 외할아버지와 외할머니는 부지런하게 직접 농사를 지어 자녀들을 일제강점기 때 공부시켰다. 해방 후 외삼촌과 이모, 이모부는 남으로 내려왔다. 막내인 어머니는 부모님을 모시려고 북에 남았다고 한다.

해방 후 어머니는 평양의 초대 종합대학(현 김일성종합대학)에 입학하여 문학을 전공했다. 졸업 후 남포지역에서 문학 선생님을 했다. 당시 주변 어른들은 어머니가 처녀 때 용모가 남달라 최고의 인기를 누렸다고 했다. 어머니는 교사로 활동하다가 6·25전쟁 시기 남포에 주둔한 부대의 간부를 만나 결혼했다. 4남매(3남 1녀)를 키우기 위해 학교를 그만뒀다.

어머니는 어려서 노동당에 입당했다. 열성분자였다. 키가 167cm 이상으로 컸다. 노래도 잘했다. 여성 노동당원은 마을에 한두 명에 불과했다. 여성단체 회장, 노래 가르치는 선생 등으로 사회생활에도 열심이었던 것으로 에디는 기억한다.

마을 여성들 앞에서 손풍금을 메고 노래를 가르치던 어머니 모습이 아직도 에디 눈에 선하다. 옛 시와 노래를 많이 가르쳤다. 국가에서 장려하지 않아 일반인들은 대부분 전혀 모르는 시와 노래들이었다. 남이 장군의 시나 '작은 산이 큰 산을 가리운다네' '가노라 삼각산아' '한강수야' 등의 시와 노래를 처녀 때부터 간직해온 시집에서 찾아 들려주었다.

어머니는 에디 외할머니를 모시고 살았다. 에디 형제는 대부분 외할머니의 손에서 자랐다. 에디의 아버지가 인민군 간부였던 덕에 어머니는 특별한 걱정 없이 잘 살았다.

하지만 1980년대 들어 어머니의 오빠, 언니가 월남하여 고위공무원으로 남에서 재직하고 있다는 사실이 드러나 문제가 됐다. 에디의 아버지는 소장(한국군 준장급) 승진을 앞두고 있었다.

하지만 월남 가족 문제가 드러나는 바람에 모든 것을 포기하고 군에서 제대를 해야 했다. 이로 인해 어머니가 심리적 타격을 받았다. 에디도 외국유학 준비하다가 외삼촌의 계급적 성분 문제로 외국 유학이 불가능하다는 현실에 절망했다.

어머니는 헤어진 지 20년 만에 에디에게 제3국을 거쳐 소식을 전해온 적이 있었다. "네 에미는 이제 백발이 성성한 할머니가 되었다."면서 시를 적어 마음을 전했다. "쏜살같이 날아가는 내 나이를 멈추고자 가는 세월을 막으려고 가시방망이를 휘둘렀건만 세월은 어느새 샛길을 통해 먼저 내 앞에 와 있구나….."

어머니는 2012년 79세 나이로 막내아들을 다시 보지 못한 채 세상을 떠났다.

어머니 음식 '만두와 돼지고기 장조림'

고향을 떠나온 사람들에게 가장 잊히지 않는 게 있다. 어머니가 어릴 때 해준 음식 맛이다. 고향을 떠올릴 때마다 어머니가 손수 정성스럽게 해준 음식 맛을 지금도 잊지 못한다. 두부와 야채, 돼지고기 속으로 만든 만두와 돼지고기 장조림이다.

또 평양에서 골동품 중개를 하며 외화를 만질 때였다. 북한 평양 식당 '안산관'에서 최고급 요리를 난생처음 먹어봤다. 아직도 기억이 생생하다. 북한의 부자들만 맛볼 수 있는 음식이었다. 일식 코스 요리였다. 회와 스시, 튀김, 우동에 일본산 산토리 위스키가 곁들여졌다. 후식으로는 부드러운 계란빵 카스테라가 나왔다. 서울 강남의 최고급 요리와 비교하면 별 것 아니지만 안산관에서 먹었던 음식은 20대의 북한 대학생 에디에겐 최고의 맛이었다.

북한을 떠난 이후 처음으로 맛본 음식 중에서는 피자 맛을 잊을 수 없다. 그때까지 먹어보지 못한 음식인 데다 둥그렇게 만들어 큼지막하게 한 입으로 베어먹을 때 포만감이 참 넉넉해서 좋았다. 아! 이게 자본주의의 돈맛인가라는 생각마저 들게 했다.

에디의 고려대 직계 선배이자 고향 친구인 J 씨가 상계동 미도파 백화점 5층에서 처음으로 피자 맛을 보여줬다. 당시 그 친구가 미도파 백화점에서 인턴으로 있을 때로 기억하고 있다.

이후 피자는 에디가 가장 좋아하는 음식 중 하나가 됐다. 일주일에 한 번씩은 피자를 먹었다. 피자를 가장 맛있게 먹었던 곳은 이탈리아 밀라노에서였다. 에디가 영국에서 유학하다 이탈리아 북부도시이자 패션의 도시인 밀라노의 피자전문점을 들린 적이 있다. 이곳에는 수십 가지 이상의 피자가 뷔페식으로 나왔다. 온갖 피자 맛의 향연이었다.

에디는 밀라노의 에스프레소 커피와 함께 수십 가지의 피자를 맛봤다. "이게 바로 내가 바라는 피자 천국이네!!"라고 연속 감탄하며 배가 산만해지는 것도 모르고 먹었다. 아직도 그때보다 맛있는 피자를 먹어본 적이 없다. 또 그때 맛본 마끼야또와 에스프레소 정통 커피 맛도 다른 곳에서는 느낄 수 없었다.

북한 평양에서 파는 대동강 맥주 맛도 그립다. 일본 삿포로의 스시와 삿포로 생맥주의 맛도 잊지 못한다. 세계에서 맛본 맥주 중에서는 벨기에 수도 브뤼셀 팝에서 맛난 레페(Leffe)가 단연 최고였다.

에디가 유럽과 동아시아, 미주, 그리고 아프리카 등을 여행하면서 맛본 위스키 중 최고는 옥스퍼드 스트리트 소호 바에서 즐긴 스코틀랜드산 몰트위스키 글렌피딕 21년 산이었다. 최고의 브랜디는 프랑스 개선문 거리 바에서 한잔시켜 먹었던 헤네시 XO였다.

소중한 인연…끝없는 동행과 배려

만남과 헤어짐…안타까운 여동생

에디는 북한에서 26년, 남한과 영국, 호주 등에서 30년 넘게 살아왔다. 돌이켜 보면 에디는 북한에서 지낸 세월보다 자유세계에서 살아온 과정이 더 길다.

에디는 가끔씩 꿈속에서나마 고향 친구들을 만나기도 한다. 가깝게 지냈던 대학 동기나 대학 선배를 생각하면 가슴이 아프다.

가끔 가까운 친구나 선배들이 자기가 좋아하는 아가씨가 있다며 그 아가씨와 연이 닿게 해 달라고 부탁하는 경우가 종종 있었다. 1990년 어느 날, 친구처럼 지내던 대학 2년 선배가 에디에게 찾아와 대학 실습 중 마주친 아가씨를 좀 소개해 달라고 부탁했다.

마침 그 아가씨가 다니던 연구소가 에디의 집 근처에 있었다. 에디는 선배가 만남을 주선해 달라고 부탁한 아가씨를 만나러 대학생 복장을 하고 연구소 실험실로 찾아갔다. "내 친구가 보내서 왔다. 동무에게 관심이 있으니 사귀어 보길 강력히 추천한다. 내 친구는 정말 괜찮고, 장래성이 밝은 사람이다…."라며 중매쟁이 역할을 한 적이 있다.

그 이후 두세 차례 더 연애 심부름을 했다. 둘은 결혼했다. 선배 아내는 당시를 회고하며 "사실은 동무가 나를 좋아해서 찾아온 줄 알았어요. 제 주변 사람들도 그렇게 다 생각했고요."라고 말해 에디와 선배 부부가 함께 그때를 추억하며 웃었던 적이 있다.

에디가 북한을 떠날 큰 결심으로 마지막으로 선배의 집을 찾아가 술 한잔했다. 에디에게 자기 처제와 사귀면 어떻겠냐고 적극 추천했다. "친구야, 내가 지금 먼 길을 떠나는 데 성공을 하고 나면 그 때 가서 고민해 보겠네."라는 말로 작별 인사를 대신하고 말았다. 아직도 그 선배와 술 한잔하던 기억이 눈에 선하다. 바쁜 출장길에도 귀한 술 한 병 들고 에디를 찾아와 한방에서 밤새워 이런저런 이야기를 나눴던 추억이 문득문득 떠오른다.

막내 여동생은 세상을 일찍 떠났다. 4년 아래인 여동생은 집안의 사랑을 독차지했다. 불행하게도 어린 나이에 뇌 질병에 걸려 성장이 멈췄다. 평생 3~4세 지능을 가지고 살았다. 이런 여동생이 부끄러워 숨기고 싶어 했던 게 가슴이 아프다. 또래 여자아이들 앞에서는 여동생을 모르는 체하기도 했다. 여동생이 학교 주변에 나타나면 에디는 짜증 섞인 말로 투덜거렸다. "제발, 동생을 밖에 내보내지 마요, 우리 학교에 왜 나타나는 거예요?" 하고 어머니에게 짜증을 냈다.

북한을 떠나면서 어머니에게 하직 인사드릴 때도 여동생에게 따뜻한 말 한마디 못 했다. 다시는 못 보게 됐다. 영원한 이별이 된 셈이다. 여동생은 에디의 마음속에 항상 시리고 아픈 기억이다.

어머니는 항상 이렇게 얘기했다. "내가 죽기 전에 우리 막내가 먼저 세상을 떠나야 할 텐데…."라고. 그러면서 자신이 떠난 이후 누가 막내를 돌보아 줄지 고민했다. 여동생은 어머니가 세상을 떠난 다음 해인 2013년 가을, 40세 나이에 떠났다는 소식을 들었다. 꿈속에 여동생이 아직도 때때로 나타난다. 여동생의 모습이 어떠했는지, 슬퍼했는지? 꿈에서 깨어나면 제대로 기억이 나질 않았다. 동생이 꿈속에 나타난 날이면, 아침부터 눈물을 흘린 적이 한두 번이 아니다.

1993년 탈북 동기생…가까운 친구이자 가족

한국에 정착한 탈북자의 수도 큰 변화가 있었다. 90년대 초반만 해도 한 해 10명에도 못 미쳤다. 그러던 것이 2000년이후 엄청나게 폭증, 2003~2011년에는 연간 입국 인원이 2,000명~3,000명 수준에 이르기도 했다. 그러다가 2012년 이후 연간 평균 1,300명대로 감소했다. 이어 코로나19 사태 등으로 중국에 접한 북한 국경이 사실상 폐쇄되면서 2021년에는 63명, 2022년에는 67명, 2023년 196명 등으로 급감했다. 북한이탈주민 전체규모는 2024년 3월말 현재 3만4천56명으로 집계됐다.(통일부 북한이탈주민 입국 현황 https://www.unikorea.go.kr/unikorea/business/statistics/참조)

탈북자 출신 국회의원도 4명이나 나왔다. 지역구 국회의원을 지낸 태영호(국민의힘) 의원과 비례대표 지성호(국민의 힘) 의원, 조명철(새누리당, 현 국민의힘) 의원 등이 대표적 인물이다. 조명철 전 의원은 2012년 탈북자 출신으로 남한에서 처음으로 국회의원이 됐다. 22대 총선에서 과학계 영입 인재로 탈북 공학도 출신 박충권 현대제철 책임연구원이 국민의 힘 비례대표 2번을 받고 금배지를 달았다.

북한에서 남한에 온 사람들을 부르는 명칭도 달라져 왔다. 1993
년 이전에는 귀순자 또는 귀순용사, 1994년~1996년 탈북자나 귀
순북한동포, 1997년~2004년 탈북자나 북한이탈주민, 2005년
~2008년 새터민 또는 북한이탈주민, 2008년 이후 탈북자나 북한
이탈주민 등으로 조금씩 변해왔다.

에디가 한국에 도착한 93년에 남한에 귀순하거나 정치적 망명
을 한 북한 사람은 8명에 불과했다. 90년과 91년 각각 9명, 92년 8
명에 그쳤다. 2000년대와 비교하면 수가 정말 얼마 되지 않았다.
90년 초반 귀순자들은 서울에 도착하면 기자회견도 하고 남한 체
제 선전을 위해 방송과 신문 등 언론매체를 통해 대대적으로 소개
됐다.

에디는 서울에 도착해 관련 기관들에서 조사와 적응교육을 받
았다. 회사원 신분(2명), 대학생 신분(3명), 군인 신분(2명) 등이 함
께 생활했던 것으로 기억한다. 일주일에 2~3회씩 같이 식사도 하
고 운동도 하면서 서로 알게 됐다. 가장 기다리던 회식 메뉴는 삼겹
살과 맥주였다.

조사와 적응훈련 기간에는 규칙적 생활을 요구받았다. 특히 술은
마실 수 없었다. 송별 파티 때는 예외로 술도 허용됐다. 한 달에 한
두 번씩 함께 생활해 온 동료가 사회로 나갈 때 송별 파티를 했다.
그때는 항상 삼겹살과 맥주가 파티 상에 올랐다. 맥주는 이북에서
가장 잘산다는 사람들이나 맛볼 수 있는 술이었다. 맥주를 마실 수

있는 이 시간이 마냥 기다려졌다.

안전가옥에서 가장 많이 했던 스포츠는 탁구와 스쿼시였다. 탁구는 모두 수준급이었다. 우승을 차지하기 위해 서로 신경전을 했다. 가끔 승부욕이 서로 너무 세 몸싸움 직전까지 가기도 했다.

함께 각종 언론 인터뷰나 안보강연 그리고 정부 고위인사들의 초청 연회 및 비공개 모임에 다 같이 멋진 양복들을 차려입고 참석하면서 더 가까워졌다. 사회에 나와서도 가까운 관계를 유지하며 친구나 형 동생 사이로 지냈다.

이들 중 남한 정부로부터 가장 뜨거운 환대를 받았던 사람은 임모씨였다. 북한에서 '자유민주투쟁'을 하다가 탄로 나서 남한기관의 에스코트를 받아왔다고 했다.

이들 중에서 에디는 해외 유학생 신분으로 남한으로 넘어온 친구와 북한 두만강을 함께 넘어온 친구 박수현과 가장 가깝게 지냈다. 유학생 탈북자는 북에서 수리학을 전공한 '수재형' 친구였다. 그는 연세대를 졸업하고 모 공사에 취직한 뒤 국가기술공정 시험에 합격했다. 현재 해외에서 전문가로 활동하고 있다.

나중에 한의원 원장이 된 박수현 씨와 일단 셋은 같은 지역 같은 아파트 단지에 살았고 항상 같이 다녔다. 그 당시 남한의 다른 사람들을 무턱대고 믿을 수도 없었다. 에디는 이들과 3총사로 남한에 적응하는 과정에서 온갖 험하고 기이한 일들을 겪으며 친구로서 의리를 다졌다. 지금도 가까운 친구 사이로 지낸다.

에디와 두 친구는 두고 온 고향, 부모형제를 못 잊어 함께 모여

필름이 끊길 정도로 맥주와 소주를 자주 마셨다.

1996년 여름 방학 때 에디의 집에서 오전 11시부터 저녁 8시까지 마른오징어와 북어, 땅콩을 안주로 맥주를 마셨다. 장장 9시간에 걸쳐 1인당 30병 이상을 마시고 말았다. 처음엔 맥주 한 박스(24병)를 가져다 마시기 시작했다. 술자리가 점점 무르익는 바람에 마트에서 3차례나 더 배달해 3박스를 더 마셨다. 모두 96병(500ml 기준), 각각 32병이나 마신 셈이다. 셋이 다 쓰러져 잠들었다. 한밤중에 누군가 누른 초인종 소리에 깼다.

낮에 맥주를 배달해 주었던 마트 사장이 학생들이 술을 너무 많이 마셔, 혹시 무슨 일이 생겼을 수도 있다는 생각에 망설이다가 한밤중에 에디 집 초인종을 계속 눌렀다. 이 때문에 잠이 깼다.

그때 잠이 깨지 못했다면 누군가 자다가 토를 하다가 기도가 막히는 변고를 당할 수도 있었을 것이다. 지금도 밤늦게 찾아와 초인종을 눌러준 그 분에게 감사하는 마음을 가지고 있다. 마트 사장이 마음을 써주지 않았다면, 목숨을 걸고 새 삶을 찾아온 젊은 청년이 타지에서 황천길로 갔을 수도 있었을 것이다.

함께 온 죽마고우…한의원 박사 원장님

함께 두만강을 넘은 죽마고우가 탈북 한의사 박사 1호인 묘향산 한의원 박수현 원장이다. 박 원장은 중고등학교를 같이 다닌 그야말로 동네 친구 사이였다. 에디와 고등학교 때 전교 1, 2등을 서로 다퉜다.

박 원장은 고교 시절부터 똑똑했다. 에디는 대학시험을 곧바로 치렀다가 낙방했고 박 원장은 노동당 입당을 위해 인민군 호위사령부에 자원입대했다. 이후 군에서 대학을 추천받아 의대에 입학했다. 1993년 10월 1일 두만강을 넘기 전 그는 북한 청진의대 고려학부(한의학부) 4학년에 재학 중이었다. 북한에서 한의학을 동의학이라고 하다가 고려의학이라고 부른다.

중국의 친척집을 다녀오려는 데 통역이 필요하다며, 통역 대가로 큰돈을 주겠다는 에디의 제안을 믿고 함께 두만강을 넘게 됐다. 처음에는 탈북할 생각은 전혀 없었다. 박 원장은 중국에 들어서자 북한에서 보고 들은 것과는 전혀 판판인 세상을 보고 큰 충격을 받았다. 북한에서 보기 힘든 귀한 자전거가 넓은 중국의 도로를 가득 메우는 광경을 목격했다. 북한 자전거의 급수는 청년, 샛별, 붉은 별, 갈매기, 삼천리 등으로 나뉘어져 있다. 갈매기급은 고급 승용차급에 해당할 정도 귀하고 가격이 북한의 집 한 채에 달했다. 중국 출퇴근 도로에는 갈매기급 자전거가 넘쳤다. 중국과 북한의 경제적 격차를 실감했다. 에디와 갈 수 있는 데까지 가보기로 했다. 제비가 친구 따라 강남 간다더니 친구 따라나섰다가 돌아올 수 없는 선택을 했다.

박 원장은 한 매체와 인터뷰에서 "한 방에 가더라니까요. 솔직히 깊게 고민할 필요도 없었어요. 그런 장면을 보고 다시 북한에 돌아간다. 안 돌아갑니다. 북한에 남한의 모습을 한 번만 보여주면 한 방에 갈 겁니다."라고 그때의 심정을 토로하기도 했다.

의기투합한 두 친구는 각자 역할을 나눴다. 에디는 자금 마련과 중국 내 인맥을 찾는 일, 그리고 박 원장은 중국인들과 의사소통과 차표 구입 등을 하는 것이었다. 국경 경찰의 검문에서 벗어나 옌지-선양-톈진-베이징까지 차표를 구입하고, 열차 안에서 검문을 피할 수 있었던 것은 전적으로 박 원장의 중국어 실력 덕분이었다.

함께 온 박 원장도 낯선 한국 땅에서 처음엔 몹시 힘들었다. 기대했던 동포의 따뜻한 환대가 아니라 의심의 시선을 피할 수 없었다. 하지만 사선을 넘어온 이곳이 기회의 땅이라는 믿음을 버리지 않았다.

그에게 뜻하지 않게 기회가 찾아왔다. 청진의대 고려학부(한의학부)에 다닌 경험을 살린 게 계기가 됐다. 담당 형사가 전립선이 좋지 않아 소변을 자주 보는 것을 보고, 청량리 경동시장에서 약재를 사서 약을 지어줬는데 다행히 차도를 보였다. 그로 인해 단번에 형사는 그의 팬이 됐다.

담당 형사는 박 원장을 경희대 한의학과에 추천했고, 94학번으로 예과 2학년에 편입할 수 있었다. 하지만 영어가 늘 발목을 잡았다. 북한에서 원서로 공부한 적이 없어 영어 교재를 읽기조차 힘들었다. 그때 동급생 친구들이 공부를 많이 도와줘 그나마 고비를 넘길 수 있었다. 1년이라도 빨리 졸업하겠다는 욕심에 2학년으로 편입한 것을 후회하기도 했다. 결국 남들처럼 6년을 채우고 졸업했다. 그때 인생에는 새치기가 없다는 사실을 절감했다. 에디가 1학년 교양과정부터 다니는 게 의아했는데 나중에 왜 그런 선택을 했는지 이해가 됐다.

우여곡절을 거친 끝에 박 원장은 대학과 대학원을 거쳐 2001년 3월 탈북 1호 한의사가 됐다. 2010년 2월에는 경원대 대학원에서 한약재인 청피(귤껍질)와 지골피(구기자 뿌리의 껍질)가 스트레스 감소에 끼치는 효과를 주제로 박사학위를 취득했다.

박 원장은 또 1998년부터 3차례에 걸쳐 북에 있던 아버지와 어머니, 두 남동생을 모두 데려왔다. 두 동생에게 한의사의 길을 권유해 탈북자 출신 3형제 한의사가 됐다.

에디와 박 원장은 요즘도 가끔 만나 그때의 긴박했던 순간을 추억하며 술잔을 기울이곤 한다.

기자와 취재원 인연…30년 세월 동안 동행

에디는 고려대에 들어가 얼마 안 돼 탈북 귀순자 신입생 취재를 하러 찾아온 필자를 만났다. 당시 나는 서울 종로경찰서와 성북경찰서, 종암경찰서를 출입하던 연합뉴스 기자였다. 사회부 경찰기자들은 담당 경찰서 관내에 있는 대학교와 병원, 시민단체, 구청 등을 돌면서 사건, 사고, 화젯거리를 찾아 취재한다. 고려대는 성북경찰서 관내에 있는 대학교라 취재를 하러 가게 된 것이다.

그때 만난 이후 줄곧 학교에 취재를 나와 서로 시간이 되면 학교 근처에서 식사를 하곤 했다. 그러면서 서로 다른 환경에서 자라온 만큼 궁금한 것을 물어봤다. 서울에서 새롭게 정착하려 했던 에디에겐 누군가의 진솔한 조언이 필요했던 시기였다.

대학과 대학원을 서울에서 나온 필자에게 남한 사회에 잘 적응하려면 대학생활을 어떻게 보내는 게 좋을지를 물었다. 한국사회를 이끌어갈 대학생들의 사회에 대한 인식과 공부의 방향설정이 1, 2학년 교양 과목을 듣는 기간에 많이 이뤄진다고 했다. 2, 3학년에 편입, 전공공부를 곧바로 시작하는 대신, 폭넓은 교우 관계를 형성하고 다양한 시각을 접하고 인식의 폭을 넓힐 수 있는 1, 2학년 시기를 꼭 경험해볼 것을 추천했다.

1~2년이라는 시간이 너무 아깝다는 생각도 들었지만, 처음부터 다시 시작해야 한다면, 제대로 해봐야겠다는 생각에 에디는 교양학부 과정부터 시작하기로 했다.

이런 선택을 지켜본 필자는 참으로 대단한 친구라는 생각을 하게 됐고 무엇보다 자신의 조언을 참 잘 받아들인다는 생각에 더 큰 관심을 기울이게 됐다.

결혼을 하기로 마음을 정하고 신부를 직접, 필자의 집으로 데려와 소개를 하기도 했다. 이후 아이들이 태어나고 돌잔치를 할 때도 필자를 꼭 초청했다. 평양옥류관 서울분점 개점 때에는 화환을 보내 달라고 해 필자의 화환을 앞에 세우기도 했다.

호주로 이민 갔을 때 미국의 북한 관련 연구소에서 일하고 싶어 하던 때가 있었다. 당시 피터 헤이즈 호주 시드니 대학교 국제안보연구센터 겸임교수 겸 캘리포니아 버클리 소재 노틸러스 연구소 소장과 선이 닿았다. 이 연구소의 프로젝트에 참여하거나 미국으로 건너가 연구원이 되려면 추천서가 필요했다. 에디가 알고 지내던 한국 교수 한 분이 추천해주겠다고 약속했었다. 그런데 교수님이 사정이 생겨 추천을 할 수 없게 됐다.

추천서가 꼭 필요했던 상황이라 에디는 당시 워싱턴 특파원으로 나가 있던 필자에게 SOS를 쳤다. 추천서를 써 줄 수 있냐고 요청했고, 흔쾌히 추천서를 써주겠다고 했다. 헤이즈 교수는 미국에서 직접 워싱턴 특파원에게 전화와 이메일을 통해 에디 관련 상황을 확인했다. 그 덕분에 에디는 북한 관련 프로젝트에 참여해 연구를 진행할 수 있었다.

헤이즈 교수는 에디의 귀순 과정과 한국에서의 생활을 잘 아는 특파원의 추천이 평범한 한국 교수보다 낫다고 판단했다고 한다.

실향민 어르신들…자식 같은 후배로 맞이해준 고마운 분들

『북한의 지리 여행』 발간 이후 TV와 신문 등 매스컴의 주목을 받아 에디는 나름 유명인으로 한동안 활동했다. 실향민 어르신들은 에디를 만나면 장하다면서 고향에서 온 자식 같은 후배라며 친절과 사랑을 아낌없이 베풀어주었다. 고려대 정 교수, 버스회사 윤 회장 그리고 진남포 박 회장이 대표적인 분들이었다. 하지만 세월이 너무 지나 이름이 정확하게 기억이 나질 않는다.

특히 운전면허시험장을 운영하던 김 회장은 아들처럼 챙겨줬다. 김 회장의 아들딸과도 친하게 지냈다. 명절날이거나 집안에 좋은 일이 있으면 초대했다. 나중엔 김 회장은 자신의 딸을 소개해주면서 사귀어 보라고까지 했다. 에디는 부자 관계처럼 스스럼없고 서로 너무 잘 아는 가까운 분들의 자녀들과 사귀는 것에 대한 부담이 너무 커 사양했다.

버스회사 윤 회장은 자신의 집에 초대해 그곳에 기거를 하면서 장가갈 때까지 같이 함께 살아도 된다고 했다. 그때 만난 함경도

향우회 회장은 중매를 해주겠다고 몇 번이고 에디에게 말하기도 했다. 하지만 "회장님, 제가 아직 준비 안 되었습니다."라고 하며 제안을 정중하게 거절했다. 남한 사회에 적응이 덜 됐고 가정까지 꾸리기엔 너무 이르다는 생각 때문이었다.

오랫동안 진심으로 사귄 지인들과 친구들이 남한 정착에 큰 도움을 줬다. 북한-남한-영국-캐나다-상하이-호주 등에서 공부와 사업을 병행하면서 새로운 환경에서 빠르게 적응하고 나름대로 잘 살아왔다고 자부한다. 이런 모든 분들이 따뜻하게 맞이해주고 변함없이 진심 어린 보살핌과 관심을 보여줬기 때문에 새로운 삶이 온전할 수 있었다며 에디는 항상 감사한 마음이다.

남북관계 변화 온탕 냉탕…절망보단 희망

남북 공동번영의 길 아직도 오리무중

동서독 분단의 상징인 베를린 장벽이 1989년 11월 9일 붕괴됐다. 세계 2차 대전의 여파로 동독과 서독으로 분단됐던 독일은 베를린 장벽이 무너진 뒤 1년이 채 못 돼 통일 독일로 새롭게 태어났다. 베를린 장벽 붕괴의 충격은 엄청났다. 구소련이 주도하는 동구권 체제의 붕괴로 이어졌다. 미국과 소련의 이념과 체제 대결 구도였던 냉전체제도 막을 내렸다. 북한에도 후폭풍이 몰아쳤다.

이러한 국제정세의 급격한 변화는 나비효과로 작용했다. 에디가 북한을 떠나겠다고 결심한 원인(遠因)의 하나였다.

서울에서 살다 보니 북한체제가 머지않아 무너지고 남북이 통일 될 것 같았다. 한반도에도 큰 변화가 임박해 보였다. 90년대 후반에 접어들면서 북한에서 홍수와 대기근이 발생해 고난의 행군이 본격화되는 등 내부 사정이 어려워진다는 소식이 전해지면서 붕괴가 거의 기정사실로 되는 듯했다.

20여 년이 지난 지금도 북한은 여전히 예전과 다름없이 버티고 있다. 남북관계도 변화를 거듭했지만 서로 싸우지 않고 공존하는 시대는 아직도 오지 않았다. 공동번영을 위해 노력하는 시대가 과거보다 더 멀게 느껴진다. 오늘의 현실이다.

남북한 간에 정치적인 대화나 큰 사건들이 생겨도 완전한 남북관계 문제 해결까지 가는 데에는 어떤 돌발변수가 생길지 모른다. 80년 가까운 긴 세월을 남북한 주민들이 너무 다르게 살았다. 남북한 정치 지도자들도 서로 다른 방향에서 꿈을 좇고 있는 것 같다. 남북한 문제 해결에 여러 가지 난관이 존재한다는 현실을 인정하기까지 에디는 30년이 넘는 세월이 필요했다.

북한을 떠나 남한과 해외에서 보낸 기간이 30년이 넘는다. 남북한 간 그리고 남한 내부에서 격동적인 순간들을 숱하게 겪었다. 정주영 현대그룹 명예회장의 소떼 방북은 정말 극적이었다.

1998년 6월 16일 오전 9시6분. 황소 8마리를 실은 1호 트럭을 포함 500마리를 실은 50대가 15분 만에 판문점 군사분계선에 잠시 멈춰 섰다가 북측으로 넘어갔다. 뒤이어 정 명예회장이 분단 이후 민간인 신분으론 처음으로 판문점을 통과해 북한 땅을 밟았다. 역사적인 순간이었다. 소 떼 방북은 CNN이 생중계했고, 세계적인 문명비평가 기 소르망(Guy Sorman)은 "20세기 최후의 전위예술"이라고 표현하기까지 했다.

소 떼 방북은 정 명예회장이 평생 지고 있던 빚을 갚은 순간이기도 했다. 17살 때 강원도 통천군 답전면 아산리의 고향 집에서 부친이 소를 판 돈 70원을 몰래 빼내 들고 서울로 올라온 정 회장은 "이제 그 한 마리가 천 마리의 소가 되어 그 빚을 갚으러 꿈에 그리던 고향 산천을 찾아간다."고 감격해했다.

정 회장은 2차 소 떼 방북 때 김정일 국방위원장을 만나 같은 해 11월 18일 금감상관광선 1호인 금강호를 출항시켰다. 북한도 이 소식을 대대적으로 보도했다. 소 떼 방북을 계기로 그해 11월 금강산 관광의 문을 열었다. 또 이후 남북정상회담과 개성공단 개발의 물꼬를 열었다. 이런 일련의 사건들은 남북한의 큰 변화를 기대하게 했다.

그즈음 북한 옥류관 서울분점을 열었던 에디는 자신이 남북한 평화교류와 화합, 통일에 기여하고 있다는 생각에 가슴 뭉클한 적이 한두 번이 아니었다.

하지만 남북한 관계는 예상과는 달리 전혀 다른 방향으로 흘러갔다. 서울과 베이징, 워싱턴에서 특파원을 지낸 일본 언론인 시게무라 도시미즈(重村智計)씨가 『북한은 무너지지 않는다』(1997, 신지호 옮김. 지식공작소 펴냄)라는 책에서, 주변의 어느 나라도 인수하길 꺼리는 북한은 결코 무너지지 않는다고 한 분석이 맞아떨어지는 것 같았다. 북한에서 당시 고난의 행군으로 아사자가 속출했지만 식량난이 북한을 급변사태로 몰아가는 일은 일어나지 않았다. 미국과 중국, 일본, 한국이 북한체제 붕괴보다 유지하려는 전략에 골몰하고 있다고 그는 지적하기도 했다.

북한은 오히려 남한을 향해 불시의 타격을 가했다. 불과 10㎞에 불과할 정도 인접한 연평도를 향해 잇단 도발을 감행했다. 1999년과 2002년 제1 · 2차 연평해전과 2010년 천안함 피격사건, 연평도

포격 도발로 많은 사상자까지 발생, 남북한 관계는 급속도로 냉각됐다.

에디의 가슴도 꽁꽁 얼어붙었다.

외국인들이 한반도 상황을 강 건너 불처럼 보고 특별한 관심을 두지 않는다는 사실을 확인했을 땐 참으로 난감했다. 북한이 연평도에 포사격을 해 사상자가 발생하였다는 뉴스를 접한 호주의 한 친구는 "한국 주식시장에 투자하기 쉽지 않겠어, 한반도는 너무 위험해!"라고 했다. 하지만 그 친구가 서울에 출장 갔다 돌아와서는 깜짝 놀라 말했다. "너네 나라 사람들은 배짱이 좋은지, 북한을 너무 쉽게 보는지, 서울 사람들은 전혀 놀라지도 않고 평화스럽더군, 놀라워 !!!"라고 말하는 것을 들은 적이 있다.

도널드 트럼프 미국 대통령과 김정은 북한 국무위원장이 싱가포르 회담과 판문점 접촉을 했을 때 한반도에 큰 변화가 오고 있다고 확신했다. 하지만 기대했던 성과는 나오지 않았다. 남북관계 변화에 실망을 거듭해온 에디는 아직 때가 되지 않았을 뿐이라고 스스로 위안했다.

남과 북, 미·북 지도자들이 아무리 서로 만나 웃고 껴안아도 남과 북, 북미 관계가 한순간에 해결되기가 쉽지 않다는 것을 절감한다.

에디는 남북의 이산가족들처럼 남북이 하나 되기를 염원한다. 또 한민족이 함께 번성하길 바란다. 이를 위해 해외동포들이 무엇을 할 수 있을지 늘 생각한다. 해외동포들이 남과 북을 활발하게 오가면서 서로를 화해시킬 수 있는 길이 열리길 기대한다.

중국이 1980년대 초, 덩샤오핑(鄧小平)의 지도 아래 개방경제를 선언하고 해외 직접 투자를 유치할 때 중국교포인 화교들의 역할이 컸다. 화교들이 중국에서 외국인의 모자를 쓰고 외국인직접투자(FDI)에 나서 중국 투자 붐을 만들기 시작했다. 화교들의 중국 투자는 미국, 일본, 서유럽 국가들의 투자를 끌어들이는 마중물 역할을 톡톡히 했다. 화교들이 중국을 위해 한 역할을 한국의 해외동포들도 할 수 있지 않을까라고 에디는 생각한다.

문재인 평양 군중연설…남북 공존공영 기대 물거품

　호주에 살면서 남북한이 정말 평화 공존 번영의 시대를 열어가는구나 하는 생각에 가슴이 정말 벅차올랐던 적이 있다. 문재인 전 대통령이 2018년 9월 19일 15만 평양 시민을 앞에 두고 군중 연설을 했다는 보도를 접했을 때다. 남북정상회담을 위한 평양 방문 이틀째인 문 전 대통령은 현지 릉라도 경기장(5·1 경기장)에서 김정은 북한 국무위원장과 함께 집단체조를 관람한 뒤 인사말을 통해 "김 위원장과 나는 북과 남, 8천만 겨레의 손을 굳게 잡고 새로운 조국을 만들어나갈 것이다. 우리 함께 새로운 미래로 나아가자."라면서 "우리는 5천 년을 함께 살고 70여 년을 헤어져 살았다. 지난 70년 적대를 완전히 청산하고 다시 하나가 되기 위한 평화의 큰 걸음을 내딛자고 제안한다."고 밝혔다.(문대통령, 15만 北주민에 연설 "적대 청산하고 평화의 큰걸음"(종합), 연합뉴스 2018.09.19 송고)

　한국 대통령이 평양에서 대규모 군중을 앞에 두고 공개 연설을 한 것은 그때가 처음이었다. 경기장을 가득 메운 15만 관중들은 모두 기립한 채 박수와 함성을 보냈다. 그 모습이 국내는 물론 전세계로 방영됐다.

문재인 전 대통령의 연설은 공연 초반 1~2분가량으로 예고됐으나, 실제로는 공연 후인 오후 10시 26분부터 33분까지 약 7분간이나 진행됐다. 감히 상상하기조차 힘든 대사건이었다.

문 전 대통령이 북한 당국의 초청으로 평양을 방문, 김정은 국무위원장과 동행해 북한 주민들을 대상으로 연설하는 광경을 보며 에디는 "이제는 남북 화해와 경제협력이 눈앞에 다가왔구나!"라고 감탄했다.

하지만 5개월여 만에 이런 기대는 한순간에 물거품으로 변했다. 베트남 하노이의 소피텔 레전드 메트로폴 호텔에서 2019년 2월 28일(현지시간) 열린 제2차 도널드 트럼프 미국 대통령과 김정은 북한 국무위원장의 확대 회담이 이틀 만에 결렬되고 말았다.

미·북 정상 담판이 파행으로 끝나자 북한은 대남기구인 조국평화통일위원회(조평통) 대변인 담화에서 "남조선 국민을 향하여 구겨진 체면을 세워보려고 엮어 댄 말일지라도 바로 곁에서 우리가 듣고 있는데…그런 말을 함부로 뇌까리는가."라며 "아랫사람들이 써준 것을 졸졸 내리읽는 남조선 당국자가 웃겨도 세게 웃기는 사람인 것만은 분명하다."라고 강력하게 비판했다. 담화는 또 "정말 보기 드물게 뻔뻔스러운 사람" "삶은 소대가리도 앙천대소할 노릇" "북쪽에서 사냥총 소리만 나도 똥줄을 갈기는 주제에" "겁에 잔뜩 질린 것이 역력하다."라는 등의 막말도 서슴지 않았다.

기대감에 지켜봤던 에디도 무력감을 느꼈다. 에디는 남북관계에서 혁신적 개선이란 공염불에 불과하며 남북이 이제는 더 이상 협력할 수 없는 관계로 가는 것은 아닐까 하는 생각에 한순간 절망하기도 했다.

남북관계는 2024년 들어 더 경색국면으로 접어들었다. 김정은 국무위원장은 1월 15일 최고인민회의 시정연설에서 한국을 '철두철미 제1의 적대국' '불변의 주적'이라며 북한 헌법에 명시하라고 지시했다. 김 위원장은 개헌과는 별도 실무조치에서 "우리 공화국의 민족 역사에서 통일, 화해, 동족이라는 개념 자체를 완전히 제거해 버려야 한다."라고 주장했다.

또 조국통일 3대 헌장 기념탑 철거와 경의선 북측 구간 회복 불능화를 선언하고 남북 당국 간 회담을 주도해온 조국평화통일위원회, 남북교류 협력을 전담하는 민족경제협력국, 현대그룹의 금강산 관광산업을 담당해온 금강산 국제관광국 등 통일전선부 산하 3대 대남기구의 폐지도 결정했다.

윤석열 대통령은 이에 맞서 1월 16일 국무회의에서 "북한 당국은 남북관계를 동족관계가 아닌 적대적 두 국가 관계로 규정했다."며 "이는 북한 정권 스스로가 반민족이고 반역사적인 집단이라는 사실을 자인한 것"이라며 맞받아 비판하고 나섰다.

이런 순간이 올 때마다 당혹스럽다. 하지만 남북관계가 그동안 화해와 대립을 무수히 거쳐온 것을 지켜본 만큼 크게 실망하지는 않는다. 국제정세의 변화와 더불어 기류가 변할 수도 있기 때문이다. 마냥 절망하기보다는 희망만이라도 부여안고 살려는 것이다.

북한 1인 후보 선거…남한 대통령 후보 누굴 찍어야

에디는 남한, 북한, 호주에서 20여 번의 지방선거와 국회의원·책임총리·대통령 선거 등에 참여, 투표권을 행사했다.

남한 선거는 북한과 근본적으로 달랐다. 북한에서 반대표를 던진다는 것은 상상할 수 없다. 주민 의사가 반영되는 것이 아니라 당의 결정이 공식화되는 형식적 절차에 불과하기 때문이다. 북한 최고위직에 해당하는 주석을 선출하는 선거에 나오는 후보는 1명뿐이다. 반대표는 곧바로 대반역죄에 해당한다. 에디도 당연히 찬성 투표를 했다.

한국 대통령 선거에 처음 참여, 투표했을 때가 가장 놀라웠다. 지울 수 없는 깊은 인상을 받았다. 에디는 남한에 온 지 몇 년 만에 제15대 대통령 선거에 참여했다. 북한과 선거 과정에 너무 달라 헷갈리는 점이 많았다. 우선 대통령 후보가 너무 많았다. 그중에 누구를 골라 찍어야 할지 선택이 너무 어려웠다. 3명이 유력한 후보로 거론됐다. 보수파는 이회창 후보를 밀었다. 민주당 진영에서는 김대중 후보를, 일부는 이인제 후보를 지지했다.

에디가 잘 아는 공무원들에게 "누구를 찍어야 할까요?"라고 물으면 그들은 "그거는 당신이 알아서 하시오. 나는 별로 관심이 없으니 대통령 뽑는 것은 자유가 아니겠소?"라고 대답했다.

떠보려는 기만전술이 아닌가 하는 의구심이 들었지만 기만전술은 확실히 아니었다. 에디는 "이것이 진정한 자유주의 이구만!" 하고 무릎을 쳤다.

하지만 "이 셋 중에 누가 된다고 한들 나와 무슨 상관이 있단 말인가? 아무나 찍든지 아니면 안 찍든지⋯."라고 생각하기도 했다. 호기심 반 재미 반으로 대통령 선거에 참여했다. 어쨌거나 대한민국 국민으로서 당당히 투표권을 행사한 셈이었다. 투표결과, 에디가 찍은 후보가 아닌 다른 후보가 대통령으로 당선됐다.

이후 친구들과 술을 마시는 자리에서 공개적으로 대통령 당선인을 비평하는 말을 하기도 했다. 걱정이 되기도 했는데 술자리를 함께한 사람 어느 누구도 에디를 반동으로 신고하지 않았다. 당연히 관계기관이 호출하는 일도 없었다. 그야말로 신세계였다. 한 번도 경험하거나 누리지 못했던 정치적 자유였다.

에디는 2007년 호주시민권을 취득하고 호주 국가수반 겸 책임총리(Australian Prime Minster)를 뽑는 선거에 3차례 이상 참가, 투표권을 행사했다. 호주는 한국과 달리 '강제투표제도(Compulsory Voting System)'를 시행하고 있다. 특별한 사유가 없으면 반드시 투표해야 한다. 투표하지 않으면 벌금이 부과된다. 이 때문에 투표율이 한국보다 호주의 투표율이 훨씬 높게 나온다. 대개 90%대 중반을 넘는다.

이때부터 어느 후보에게 투표권을 행사해야 할지 진지하게 고민했고 나름대로 정치적 의사를 갖게 됐다. 이민자와 회계사 등 전문직에 유리한 공약을 하는 정당과 총리 후보를 찾아 찬성표를 던졌다. 하지만 에디가 밀었던 그 어떤 정부 수반도 정치적 요구사항을 깔끔하게 만족시켜 주지 못했다.

또 딸과 서로 정치적 입장이 달라 식탁에서나 TV 보는 소파 위에서 설전을 벌이기도 했다. 물론 정치적 논쟁의 결론은 "항상 서로 지지하는 후보를 지지하자! 하지만 상대가 지지하는 쪽을 비난하지는 말자!"라는 것으로 끝났다.

점차 에디는 자유롭게 투표하는 선거에 신선함을 느끼기보다 오히려 정치인들을 혐오하는 무관심한 사람이 돼가고 있다. "정치는 그들만의 리그"이고, "정치인들은 자기들만을 위해 일하고, 국민이나 나라는 안중에도 없으니 그들에게 관심을 가질 필요 없다!"라는 생각이 들었기 때문이다.

너무나 소중한 선거의 자유가 이제는 더 현실적인 이유로, 그 소중함을 잃어가는 것 같다고 종종 생각한다. 환경의 변화가 참으로 많은 것들을 서로 달리 생각하게 하는 것 같다. 이게 에디의 솔직한 심정인 셈이다.

남한의 혈육 친척을 찾았지만…

에디는 대한민국에 올 때 나름대로 믿는 구석이 있었다. 외삼촌이 해방 후 남쪽으로 내려와 남한에서 꽤나 높은 공무원을 했다는 소식을 들었다. 외삼촌을 만나면 지금까지 북한에서 고생한 대가로 적지 않은 경제적 보상이나 위로를 받을 수도 있을 것이라는 기대를 하기도 했다.

서울에 도착한 이후 관련 당국을 통해 지속적으로 외삼촌을 찾기 위해 동분서주하며 백방으로 노력했다. 혹시나 남한의 고위층 인사 중에 이름이 있을까 해서 신문과 방송에서 찾기도 했지만 허사였다. 1995년 가을, 에디는 평안남도 도민회에 초청 연사로 참석했다. 마침 이 자리에 나온 어머니 쪽 고향 어른들을 통해 에디는 외삼촌 소식을 듣게 됐다. 외삼촌은 한국 중앙 정부에서 고위공무원으로 퇴직해 이미 돌아가셨고 자녀들이 있다는 소식을 들었다.

고향 어른들의 도움으로 외사촌 누이와 형제 들을 찾게 되었다. 1996년 봄, 에디는 화양동 건국대 앞에서 외사촌 형제들을 만났다. 피는 물보다 진했다. 외사촌 형제가 50m 밖, 매우 붐비는 거리의 사람들 틈에서 걸어오는데 알아볼 수 있었다. 얼굴이나 몸매가 에디의 첫째, 둘째 형과 거의 꼭 같았다. 감격스런 상봉 며칠 후에는 지방에 사는 외사촌 누나와 매형도 서울의 한 호텔에서 만났다.

외사촌들과 만남은 감격스러웠다. 하지만 그날 이후 지속적인 만남으로는 이어지지 않았다. 에디가 상상하던 경제적 대가나 지원도 바람으로 끝났다. 당시 에디의 신변문제를 담당해온 공무원들은 큰 기대를 하지 말라고 조언했다. 그래도 기대와 너무나 달라 허무하기조차 했다.

이제 외사촌들도 제 살기 바빠 그랬다는 것을 이제는 잘 이해한다. 같은 핏줄이라는 생각에 자신이 너무 큰 기대를 했다고 스스로를 달랜다. 남북이 분단된 이후 가족관계를 바라보는데도 관점이 달라졌고 생각의 차이도 벌어졌다. 에디는 핏줄을 만났다고 한껏 기대했는데, 아무 소득이 없자 믿을 수 있는 것은 오직 나 하나뿐이라고 마음을 다시 다독였다.

대북 투자 대박 유혹…신기루 같은 사기 많아

에디는 고려대를 다닐 때부터 투자에 나섰다. 1996년 제3국을 통해 북한 송홧가루를 남한으로 수입했다. 신세계 백화점을 통해 국내 최초로 북한산 송홧가루 유통을 시작했다. 이때부터 지금까지 30년 가까이 북한 관련 사업을 직간접적으로 벌여왔다.

평양옥류관 서울분점 사업과 대북컨설팅 사업 그리고 생필품 수입에 관여했다. 특히 대북 투자자들에게 실제적인 투자 조언을 해왔다.

이 사업과정에서 에디는 수많은 대북투자자들을 만났다. 그중에는 성공해 큰돈을 번 사람들도 있고 쫄딱 망해 빚쟁이가 된 사람도 있다. 관련 당국의 불법 행위 단속에 걸려 수감생활을 하는 사람들도 있다.

아차 했으면 사기에 휘말려 큰 낭패를 봤을 잊지 못할 투자 경험도 있다. 장밋빛 투자 전망에 홀려, 있는 돈 없는 돈 다 끌어모아 투자하도록 만드는 전문 사기꾼들은 대북관련 투자사업에도 넘칠 정도로 많았다.

우선 대북투자사업을 하면서 가장 투자자들 중에서 경계해야 할 사람들은 언론에 자주 등장하는 사람들이다. 그중에 언론플레이에 지나치게 신경을 쓰는 사람들은 영락없이 사기성이 농후한 사람이라고 보면 된다.

북한 당국이나 북한 비즈니스 파트너들 중에서 실력 있는 사람들은 한국 언론에 노출되는 것을 극도로 꺼린다. 만약 자기 이름이나 사업 내용이 언론에 나오면 사업에 큰 지장이 있을 수 있기 때문이다. 이런 투자자들은 처음부터 언론플레이나 외부에 자료를 공개하지 않는 것을 요구 조건으로 내건다.

2018~2020년 사이 남북관계나 북미관계가 좋아지고 정상회담들이 한창 무르익을 당시, 남한이나 해외 언론에는 북한투자 전문가라는 사람들이 너무나 많았다. 어떤 사람은 자기가 북한 당국에서 해외투자 유치에 관한 독점 권한을 받았다고 해외동포신문에 인터뷰하고 자기 돈까지 들여 광고하고 다닐 정도였다.

어떤 세계적으로 유명하다는 투자자 J 씨는 남한의 대북투자 회사에 단돈 100달러를 내고, 말도 안 되는 지분을 달라고 하거나 경영에 참여하겠다고도 했다. 어떤 A라는 유명 외국인 출신 사업가는 북한당국에 VIP 대접을 해달라고 요청하다가 평양방문을 거절당하기도 했다.

2019년 가을, 에디와 가까운 친구는 "남들은 대북투자유치 대표권을 받아 가는 곳마다 대접받으며 난리인데 자칭 대북투자 어드바이저라고 하는 에디는 뭐 하고 있는 거야?"라고 물었다. 에디는 "스스로 떠드는 대북투자유치 기업 대표라는 사람들을 잘 아는데 믿지 마시요."라고 했다.

이집트 기업으로서 북한에 투자한 대기업이 있다. 북한에 대규모 투자하고 초반기에는 큰 수익을 내는 것으로 알려졌다. 하지만 북한과의 협상에 나서면서 에디를 비롯한 대북투자 전문가들의 조언을 듣지 않았다. 자신들 만의 판단으로 잘못된 방향으로 사업을 전개했다. 결국 북한에서 받아야 할 자금을 회수하지 못해 경영에 큰 어려움을 겪었다.

2017년 당시 그 경영진들 중, 한 사람이 에디 회사를 접촉해와 해결책을 찾아 달라고 요청했다. 에디는 다음과 같은 이유로 컨설팅 제공을 거부했다. 이 회사의 자금 회수 문제가 너무나 잘 알려져 있어, 부담을 가진 북한당국과는 사업을 더 이상 진행하기 어렵다는 이유를 들었다.

대북투자에 대해서 대부분 투자가들은 외부 전문가 조언과 경험보다는 비밀리에 그리고 관련 파트너들의 온갖 감언이설에 넘어가 단독으로 행동한다. 그게 실패하는 이유다. 이와 비슷한 투자 실패는 1998년쯤 한국에서 잘 알려진 P 사 그룹의 계열사 사장이 에디의 대북투자 조언을 무시하고 북한제품을 남한으로 직접 가지고 들어와 유통하려다가 북 당국의 제재로 거금을 날렸다. 당시 K 사장은 신문을 보고 에디를 찾아와 몇 개월 대북투자 컨설팅을 받겠다고 했다. 하지만 곧 컨설팅을 중단했다. 컨설팅 대가를 주기 싫어 단독으로 대북사업을 계속하다가 결국은 큰돈을 잃고 말았다.

또 대북사업을 내세워 회사 주가를 띄워 이익을 보려다 패가망신한 사례도 있다. 야당 대표에게 뇌물을 건넨 혐의로 기소된 모 그룹 회장이다. 그는 에디의 진심 어린 조언을 듣지 않고 고위험고수익이라는 도박 같은 투자를 선택했다가 낭패를 당하고 말았다.

대북 투자사업 실패는 결국 주변의 대북전문가라는 사람들로부터 잘못된 대북투자 조언을 받고 대북사업을 도박처럼 진행한 결과다.

낯선 문화···양아치는 어느 곳에나

하숙집에서 솔직한 말 때문에 봉변

서울에 처음으로 정착한 곳은 광진구 화양동, 건국대 주변이었다. 건국대 대학원생, 고시생들이 주로 거주하던 화양동의 조용한 하숙집이었다. 사법고시를 10년째 준비 중인 고시생도 같은 집에 하숙을 하고 있었다. 나이가 30대 중반으로 여러 번 사법고시에 떨어져 많이 지쳐 있는 듯했다.

남한에서 사회생활한 지 한 달도 안 된 에디는 고시생의 고달픈 심경을 헤아릴 수가 없었고 이해하기조차 어려웠다. 에디는 다른 보통 날과 마찬가지로 하숙집 아주머니가 차려주는 저녁밥을 먹으려고 거실에 앉아 기다리고 있었다. 고시생이 넌지시 에디에게 "회사에 괜찮은 여직원 중에서 소개해줄 만한 여자 없소?"라고 물었다. 에디는 "여러 명 있긴 한데 직장도 없는 형 같은 분을 소개하기 좀 힘들겠습니다."라고 솔직하게 대꾸를 했다. 아무 생각 없이 한 말이었다.

고시생은 이성을 잃은 듯했다. "야, 난들 직장 가기 싫어 이러냐? 앞으로 사법고시 합격하면 될 것 아니야?"라고 큰소리로 성질을 냈다. 에디는 이에 맞섰다. "그러시면 좀 더 고생하시고 사법고시 합격한 다음에 괜찮은 여자 찾으면 될 것 아니오?"

고시생은 분을 못 이겨 온갖 성질을 부리며 급기야 하숙집 집기까지 들어 던지려고 했다. 길길이 날뛰는 그가 두렵기도 하고 또라이가 아닌가 싶어 담당 공무원에게 급히 신변보호를 요청했다. 전화로 "미안하지만, 여기 이상한 일 있으니 말려주세요."라고 상황을 설명했다. 담당 공무원이 득달같이 달려왔다. 상황은 곧바로 종료됐지만, 그날 이후 고시생은 마주쳐도 아무 말도 하지 않았다. 에디도 이 하숙집에 머물기가 부담스러워 하숙집을 옮겼다.

화양동은 술집이 많은 이른바 유흥가였다. 당시 공무원들이 왜 하숙집을 그곳에 구해줬는지는 모른다. 자본주의 생활방식을 가장 빠르게 습득할 수 있는 지역의 하나로 생각하지 않았을까 싶다.

에디는 화양동에서 성남의 한국도로공사 본사로 출근했다. 오후 5시가 되면 퇴근해 회사 통근버스를 타고 잠실역에 내렸다. 다시 전철을 타고 건대역까지 도착하면 저녁 6시가 좀 넘었다. 하숙집에서 저녁을 먹고 나면 늦어도 오후 7~8시밖에 안 됐다. 이때부터 화양동 일대는 화려한 불빛을 쫓아 술을 마시러 나온 사람들도 들끓었다.

에디는 할 일 없이 그 주변을 서성거리다 호객행위를 하는 삐끼들에게 이끌려 지하 술집에 들어갔다. 이런 신기하고 화려한 술집은 처음이라 신나서 술을 마셨다. 하지만 좀 더 취하면 두고 온 북쪽 가족에 대한 죄책감이 몰려왔다. 결국 술에 잔뜩 취해 소파에 쓰러져 잠들었다.

새벽녘이 되면 웨이터가 깨웠다. "형님, 이제 너무 늦었으니 계산하고 들어가세요." "응? 벌써 새벽인가, 얼마요?" 하면 예상한 술값의 3~5배나 되는 계산서를 들고 나왔다. "80(만원), 뭐요? 시킨 게 양주 한 병에 맥주 3병인데 어떻게 그렇게 많이 나와?"라고 소리쳤다. 상냥하던 얼굴이 일순간에 굳어진 웨이터는 그냥 나가버렸다. 그리고 험악하게 생긴 깍두기 머리를 한 남자들이 들어와 "어떤 놈이야? 실컷 쳐드시고 술값 시비야?"라고 잔뜩 겁을 줬다. 에디도 질세라 "야, 이 놈아, 내가 양주 1병에 맥주 3병 먹었는데 어떻게 80만 원이야?"라며 따졌다.

그러면 술값 내역이 적힌 계산서를 들이대며 "이것 봐, 자네가 마신 양주가 한 병이 아니라 3병이야." 하며 빈 위스키 3병을 보여줬다. 에디는 "나는 양주 3병 시킨 적 없어."라고 잡아뗐다.

이렇게 말싸움이 시작돼 시비가 붙었다. 싸우다가 에디 말투가 좀 이상하게 들렸는지 "너 말투가 이상하다? 강원도 사람이야?"라고 대부분 물었다. 그러면 "아니야, 평양에서 왔다. 왜?"라고 에디는 탈북귀순자라는 사실을 밝혔다.

이런 일이 거듭됐다. 어느 날 누군가 에디를 쳐다보더니 "진짜 평양 사람 맞소?" "그렇소만, 당신은 누구요?" "나는 여기 주인이요, 내 부친도 이북 황해도 사람이요. 그런데 무슨 술을 이렇게 정신없이 드시오?"라고 물었다. 에디는 똑같은 놈들이라고 생각했다. "내가 이렇게 시키지 않았소, 당신네 웨이터들이 내가 잠든 사이 2

병을 몰래 가져다 놓은 것 아니오."라고 소리를 질렀다.

　술집 사장은 그런 에디를 측은하게 생각했는지, 그날 술값으로 10만 원만 받고 그냥 가라고 했다. 에디는 마음이 쓸쓸할 때면 그 술집을 찾아갔다. 자연스레 그 술집 단골이 됐고 사장과 한잔하기도 하고 비슷한 처지의 친구들을 데리고 가 술을 마시기도 했다.

런던 지하철역에서 소매치기에 가방 뺏겨

에디는 영국에서 어학연수를 하고 비즈니스 스쿨을 다니면서 옥스퍼드와 런던에서 2년가량 살았다. 영국 문화와 기후를 아주 많이 즐겼다. 특히 런던 시내와 옥스퍼드 지역을 좋아해 옥스퍼드 대학생들을 위한 전용 맥주 바와 런던의 소호지역 거리 그리고 뉴몰던 한인 타운까지 두루 섭렵하고 다녔다.

2000년 12월, 스코틀랜드에 출장을 왔던 대학 동기인 임동욱이 런던을 찾아왔다. 에디와 회포를 풀며 런던을 함께 둘러보고 네덜란드, 벨기에 등으로 동반여행을 했다.

동욱이 한국행 귀국 비행기를 타기 위해 런던 히드로 공항으로 가는 날이었다. 그린 파크역(Green Park Station)에서 지하철을 갈아타야 했다. 동욱은 큰 배낭을 메고 업무용 서류가방을 들고 있었다. 긴 에스컬레이터를 타고 지하에서 올라와 어느 출구로 나가야 할지 망설이고 있었다.

어떤 젊은 백인 남자가 다가와서 에디의 등에 뭔가 묻었다고 알려줬다. 검은 스프레이가 에디가 입고 있던 방한복에 뿌려져 있었다. 동욱은 화장지로 검은 스프레이를 닦아 없애려고 배낭과 서류가방을 바닥에 급하게 내려놓았다.

동욱이 에디 등에 묻은 스프레이를 닦아주고 있을 때, 젊은 백인 남자가 서류가방을 슬쩍 들고 유유히 사라졌다. 이를 본 에디는 다급하게 "동욱아, 저놈이 네 서류가방 훔쳐 간다. 빨리 가서 잡아라!" 하고 소리쳤다.

동욱이 백인 남자를 쫓아 달려간 사이 에디는 배낭을 꼭 붙들고 주변을 살폈다. 조금 전에 다가와 에디 등에 뭐가 묻었다고 알려준 남자가 여자 1명과 같이 에디 쪽을 주시하고 있었다. 에디는 모른 척하며 친구의 배낭을 감싸 안고 서류가방을 되찾으러 간 동욱을 기다렸다.

5분쯤 지나자 동욱이 서류가방과 함께 작은 백팩까지 들고 돌아왔다. 동욱은 6개월 전에 카투사에서 군복무를 마치고 제대한 건장하고 재빠른 친구였다. 동욱은 곧바로 백인 소매치기를 300m가량 뒤쫓아가서 붙잡았다. 주먹으로 소매치기를 먼저 혼쭐을 내주고 에디가 있는 지하 통로로 끌고 오려고 했다. 소매치기가 사정하면서 봐 달라고 해서 그가 메고 있던 백팩만 가지고 왔다. 에디 주변을 살피던 다른 소매치기 일당도 동욱이 기세등등하게 돌아오는 것을 보고는 슬그머니 사라졌다.

이곳을 지나던 사람들이 에디 일행을 둘러싸고 근심 반 호기심 반으로 지켜봤다. 그때 소매치기 소동이 난 것을 알아차린 경찰 2명이 출동했다. 경찰은 어떤 상황인지 캐물었다. 에디는 자초지종을 자세히 설명했다. 경찰이 동욱이 소매치기한테서 들고 온 백팩을 열었다. 백팩에서 휴대전화기 5대와 여러 개의 지갑이 쏟아져 나왔다.

소매치기 일당의 인상착의를 듣고 경찰은 "헝가리에서 온 전문털이범들입니다. 하지만 그들을 붙잡아 때리거나 신체적 위해를 가하면 영국법에 따라 처벌될 수 있습니다. 또 다른 조직원들이 당신들에게 보복할 수 있으니 조심해야 합니다."라고 주의를 줬다.

에디와 동욱은 그제야 상황의 심각성을 깨닫고 부리나케 지하철을 타고 히드로 공항으로 향했다. 동욱의 서류가방 속에는 신형 노트북과 한국 여권 그리고 지갑이 들어있었다. 헝가리 소매치기에 당했다면, 동욱에겐 정말 악몽 같은 날로 남았을 것이다. 노트북과 서류를 전부 잃어버리고 무엇보다 한국행 비행기를 타지 못해 귀국이 당장 불가능했을 것이다.

캐나다 토론토 술집 된통 바가지

밴쿠버에서의 여행을 마친 에디는 토론토로 향했다. 밴쿠버에서 비행기를 4시간 30분가량 타고 토론토에 도착했다. 캐나다의 가장 큰 도시인 토론토에서 영어 어학스쿨에 등록하고 4주간의 과정을 시작했다.

캐나다에서 제일 큰 도시인 토론토의 인구는 640여만 명이며 한 인은 10만여 명이 살고 있다고 한다. 에디는 토론토 중심에서 열차로 약 30분 떨어진 중산층들이 거주하는 지역에 홈스테이를 구했다. 홈스테이 주인은 스페인계 부부였고 자메이칸 20대 남성과 프랑스계 남자가 살고 있었다. 자메이칸 친구는 20대 후반 직장인이었는데, 오래되고 값비싼 스포츠카 무스탱을 자랑스럽게 운전하고 다녔다. 3층짜리 홈스테이 집에서 에디는 외국인들과 어울리며 맥주와 위스키를 마셨다. 때로는 자메이카와 스페인 친구가 빠르게 얘기하면 영어를 다 알아듣지 못해도 알아들은 듯 몸짓을 하면서 대화를 이어갔다.

캐나다 어학원에서 에디는 일본인, 멕시코인, 한국인들과 같이 영어 수업을 받았다. 그때 어린 한인 학생들은 이북 사투리를 쓰는 에디를 보고 "북한 대사관 사람이 같이 공부하고 있다."라는 말을 퍼뜨리기도 했다. 캐나다에는 북한 대사관이 있었다. 북한 대사관 직원들의 자녀들이 영어학원이나 대학에 다녔다. 본의 아니게 그들이 아닌가 오해를 받기도 했지만 에디는 전혀 개의치 않았다. 수업을 마치면 주변 관광지나 다운타운을 돌아다녔다.

토론토에서 영어 공부하고 여행하면서 가장 기억에 남는 일 중의 하나는, 나이아가라 폭포를 돌아보고 아이스와인(Ice Wine)을 마셔본 것이었다.

나이아가라 목포는 토론토 시내에서 약 1시간 떨어진 미국과 캐나다 국경에 있다. 미국 쪽에서 캐나다 쪽으로 떨어지는 폭포가 유명하다. 북미에서 가장 규모가 큰 말발굽 목포 바로 아래까지 유람선을 타고 갈 수 있다. 배 위에서 비옷을 입고 거센 물보라를 맞고 있으면 장엄함과 거대함에 저절로 전율이 온몸에서 느껴졌다. TV에서 영상으로 본 것과는 그 느낌이 전혀 달랐다.

이곳은 세계적으로 유명한 아이스와인의 주 생산지이다. 아이스와인은 포도를 서리가 내릴 때까지 내버려 뒀다가, 서리를 맞고 물기가 쪽 빠질 때 수확해서 만든 와인이다. 알코올 도수가 18~20도까지 나가는 독하고 달콤한 것으로 유명하다. 난생처음 아이스와인을 맛을 본 에디는 너무 맛있어서 아이스와인을 한국 맥주 마시듯, 숙소에서 혼자 먹다가 너무 취해서 고생한 경험을 아직도 잊지 못한다.

　밴쿠버에서 1개월을 여행하고 토론토에서 3개월의 영어 연수와 여행을 마친 뒤 에디는 퀘벡 주에 있는 몬트리올로 떠났다.

　새로운 친구도 사귀고 여행을 좀 더 편하게 하고 싶어 토론토 여행사를 통해 가이드 겸 운전기사를 고용해 토론토-오타와-몬트리올 여행을 떠났다.

　토론토와 몬트리올 중간에 캐나다 수도 오타와가 있는데 토론토와 오타와의 거리가 300km나 됐다. 오타와에서 몬트리올까지 거리는 200km가 됐다. 몬트리올에서는 불어와 영어가 공용어로 사용됐다. 프랑스계 사람들이 많이 살아 도로 표지부터 불어 천지였다. 호텔이나 레스토랑에 들어가면 파리 분위기가 잔뜩 났다. 파리에서 맡아보았던 향수 냄새가 났다. 에디는 몬트리올에 유명하다는 호텔(Hotel Place d'Armes Old Montreal)에 묵었다. 아직도 에디는 이 호텔 이름을 기억하고 있다.

에디는 퀘벡의 독특한 밤 문화를 체험하기 위해 야간업소인 바에 들어갔다. 주변이 어두컴컴하고 인적이 드문 어느 조용한 거리 뒤쪽에 있었다. 출입구에 거대한 몸집의 흑인들이 지키고 있었다. 아랑곳하지 않고 호기를 부리며 바에 입장했다. 짧은 치마를 입은 여성 무용수들이 춤추고 있었다. 일본인으로 보이는 동양인 관광객들이 쇼를 구경하고 있었다.

이때 웨이트리스가 다가와 속삭였다. "맥주 한 잔 사주실래요?(Can I have a bottle of beer?)" 에디는 호기롭게 "물론 사들이죠.(Of course.)"라고 대답했다. 여행 가이드가 눈치를 줬는데도 에디는 무시했다. 웨이트리스가 아니라 춤추던 아가씨 두 명이 에디 테이블로 와 앉으며 "술을 사줘 고맙습니다.(Thanks for your drinks.)"라고 인사했다.

에디는 당황하며 "얘네들이 왜 우리 곁에 앉아?" 같이 간 가이드 기사에게 "얘네들 내보내 주세요." 하고 외쳤다. 댄서들은 모른 척하며 2~3분가량 앉았다가 술을 마시고 사라졌다. 쇼에 더 흥미를 못 느껴 계산대로 가서 "계산서 주세요.(Bill please.)"라고 요청했다.

계산서를 받고 깜짝 놀라 나자빠질 뻔했다. 술값이 2,000달러나 됐다. 에디는 "왜 이렇게 비싸요.(Why so expensive.)"라고 따졌다. 이윽고 건장한 남자 두 명이 다가와 "너네 마신 술값과 아가씨들이 마신 술값 그리고 너의 곁에 앉은 서비스요금"이라고 둘러댔다. 한

마디로 바가지를 된통 쓴 것이었다.

에디는 생각 끝에 "가진 게 250달러 밖에 없어요.(I have no money but just 250 bucks.)"라며 배짱을 피웠다. 그중 한 사내가 에디의 지갑을 보자며 거기서 신용카드를 찾아 긁으려고 했다.

순간 에디는 재빠르게 신용카드를 손으로 꺾어 보이며 "카드에 돈이 없어요. 경찰을 부르겠습니다.(No money in this card, I will call police.)"라고 소리를 질렀다. 이 중 한 뚱보가 에디에게 소리쳤다. "당신 뭐야?(Who are you?)" 에디도 맞받아 소리쳤다. "북한에서 온 사람이오. 뭐가 잘못됐소?(I am from North Korea. What's wrong?)" 이렇게 기싸움을 하며 실랑이를 벌어지는 동안 가이드는 사시나무처럼 떨면서도 딴청을 하고 있었다. 실랑이 끝에 뚱보들이 250달러를 받고 "여기 다시는 오지 마!!!(Don't come here again!!!)"라고 소리친 뒤 내보내 줬다.

에디는 속으로 이젠 살았구나라며 안도의 한숨을 쉬며 바에서 도망치듯 뛰어나왔다. 후에 안 일이지만 이 바는 유명한 갱들이 운영하는 업소였다. 주로 여행객들을 대상으로 바가지 영업을 하는 무서운 곳이었다.

유럽 여행 중 '망명' 북한 선배 뜻밖의 사업 제의

에디는 유럽을 여행하다 전혀 예기치 못한 사람을 만나기도 했다.

2001년 가을, 옥스퍼드 지역에서 연수하던 중 파리와 로마 그리고 스위스를 여행했다. 런던에서 떼제베(TGV)를 타고 도버 해협을 건너 프랑스 파리에 도착했다. 프랑스는 와인이 유명할 뿐만 아니라 끝없이 펼쳐진 기름진 들판에 각종 채소, 과일 등이 풍요로운 곳이라는 말을 들었다. 도착하자마자 파리, 마르세유, 리옹 등 여러 도시를 다 돌아볼 생각에 들떠 있었다.

파리의 호텔비가 너무 비쌌다. 전문 여행 책자에 나온 아시아인들이 경영하는 값싼 여행자 숙소(Visitor's House)를 찾아 당분간 체류하기로 했다. 파리 13구역에 있는 여행자 숙소를 찾아갔다. 파리역에서 연락하니 15구역에 있는 전철역까지 오면 아시아인이 역에서 마중을 나온다고 했다. 마중하는 나올 사람의 인상착의를 알려주었다. 역에 도착해 주변을 두리번거리다 마중 나온 사람을 보고 에디는 깜짝 놀라고 말았다.

그는 1991년 유럽에서 중요한 사업을 하다가 남한에 정치적 망명을 한 북한 고위직 출신 김 선생이었다. 에디와 서울에서 알고 지내던 사이였다. 서로 깜짝 놀라 한동안 멍하니 서 있었다. 김 선생은 아프리카와 유럽을 오가며 큰 프로젝트를 진행하다 1980년대 말 남한으로 망명했다. 하지만 당시 남한정부 관계기관과 사이가 틀어지자 다시 유럽으로 건너와 생활하고 있었다.

김 선생은 한국계 프랑스인이 운영하는 여행자 숙소에서 투숙객을 안내하는 일을 해주고, 저렴한 가격에 장기간 거주하고 있었다. 한국으로 망명하기 전에 하던 아프리카-유럽 연결하는 사업을 하고 있었다. 에디는 김 선생을 뜻밖에 만나는 바람에 파리에서 이틀을 머물려던 계획을 바꿔 1주일 정도를 지냈다.

2박 3일, 밤낮에 걸쳐 그동안 한국에서 무슨 일이 벌어졌는지, 파리와 영국에서 어떻게 살아왔는지 서로 이야기했다. 파리바게뜨 그리고 치즈와 과일을 안주 삼아 와인을 마시고 또 마셨다. 김 선생은 "동생과 내가 수만 리 타향에서 만난 것은 우연이 아닌 필연으로 보이네. 내가 어느 정도 사업 밑천을 대줄 테니 함께 동업하는 것이 어떤가?"라고 했다. 김 선생은 차고 있던 고급시계까지 벗어줬다.

에디는 이러한 제안에 고민해 보겠다고 말했다. 다음날 손목시계를 돌려주며 말했다. "형님의 호의는 고맙지만 현재 저에게 필요한 것은 아닙니다. 우리가 서로 진짜 협력하게 된다면 그때 가서 받겠습니다."

에디는 파리를 떠나 리옹, 마르세유를 지나 로마에 도착했다. 이어 밀라노에서 스위스 융프라우, 독일 뮌헨을 거쳐 런던으로 돌아왔다. 1개월 후 김 선생에게 다시 연락했지만, 아프리카 보츠와나로 갔다는 소식만 여행자 숙소 주인한테 전해 들었다. 더는 연락이 닿질 않았다. 에디는 지금도 김 선생이 프랑스나 아프리카에서 안전하고 건강하게 사업하고 있기를 바라고 있다.

모스크바행 직항 못 타 '빙빙'…지하철 평양과
너무 비슷해 놀라

　호주 시민권자가 한국인 국적자보다 해외여행을 할 때 차별을 받는 일도 있다. 한국인들은 비자 없이도 여행을 다닐 수 있는 국가라도 호주 시민권자는 비자를 받아야 입국할 수 있는 나라가 있다. 러시아가 그러했다.

　한국 여권 파워는 세계 2위를 차지할 정도로 대단하다. 2024년 전 세계 여권 파워 순위를 보여주는 헨리여권지수에 따르면 한국은 핀란드, 스웨덴과 함께 세계 2위로 무비자로 193개국을 자유롭게 드나들 수 있다. 호주는 뉴질랜드와 함께 189개국 무비자 입국이 가능해 여권 파워로 공동 6위 수준이다. 세계 1위는 독일, 프랑스, 이탈리아, 스페인, 일본, 싱가포르 6개국으로 194개국을 무비자로 입국할 수 있다.

　급한 계약 건으로 모스크바로 출장을 가야 했다. 호주 주재 러시아 대사관에서 비자를 발급받아 모스크바로 가는 직행 비행기를 타야 했다. 해외에 있는 러시아 공관들은 불친절하기가 짝이 없었다.

비자를 공관에 긴급하게 신청하자 급한 일정은 당신 사정이고 공관이 고려할 대상이 아니라는 것이었다. 파트너들과 일정을 맞추려면 러시아 비자 발급을 마냥 기다릴 수 없었다.

러시아 비자 없이 모스크바에 들어가는 방법을 찾아야 했다. 세상이 무너져도 빠져나올 구멍이 있었다. 거듭된 궁리 끝에 방법을 찾았다. 여객선을 이용한 무비자 입국 체류기간을 최대한 활용하기로 했다. 우선 비행기로 시드니에서 헬싱키로 가서 헬싱키에서 여객선을 타고 러시아 상트페테르부르크(옛 레닌그라드)에 들어가는 것이었다.

헬싱키–상트페테르부르크행 여객선 탑승객들은 72시간 동안 러시아에 무비자 체류가 가능했다. 상트페테르부르크에서 고속열차로 4시간 만에 모스크바에 도착 후, 1박 하면 계약을 마치고 저녁 파티에 참석할 수 있었다. 바로 다음날 다시 모스크바–상트페테르부르크–헬싱키–시드니로 돌아올 수 있었다.

이런 무비자 러시아 입국 계획은 큰 무리 없이 진행되는 듯했다. 하지만 예상치 못했던 일이 연이어 벌어졌다. 헬싱키에 도착하니 토요일 늦은 오후라 여행사 직원들이 다 퇴근한 뒤였다. 다음날 떠나는 헬싱키–상트페테르부르크 여객선 탑승표를 여행사 창구에서 구할 수가 없었다.

밤새 인터넷을 뒤져 일요일 새벽에 가까스로 여객선표를 구입하는데 성공했다. 무려 여객선 출발하기 3시간 전이였다. 헬싱키에서 상트페테르부르크까지 가는 여객선은 약 1만5천t급으로 가격은

300달러였다. 12시간 동안 항해하는 여객선에서 밤새 파티와 선상 공연이 열려 뜻밖에 즐거운 시간을 보냈다.

하지만 또 다른 난관이 기다리고 있었다. 러시아 세관에서 에디에게 상트페테르부르크 시내에 있는 호텔 2박 예약과 비용을 지불한 증명서류를 요청했다. 호텔에 2박 숙박비를 지불한 서류가 있어야 배에서 내릴 수 있다고 통보했다.

어쩔 수 없이 선상에서 전화로 상트페테르부르크 호텔에 전화해 신용카드로 2박 호텔비용을 냈다. 그리고 증빙서류를 세관에 보여주고서야 배에서 내릴 수 있었다. 항구에서 호텔까지 가는 택시도 속을 썩였다. 택시기사에게 "여기서 호텔까지 얼마면 되나요?(How much should I pay to you here to the hotel?)"라고 하자, "50달러 주세요.(50 dollars.)"라고 했다. 하지만 호텔에 거의 도착했을 때 택시기사는 "90달러 주세요.(90 dollars.)"라며 말을 바꿨다. 에디가 "왜 요금이 달라요? 50달러라고 했었잖아요.(Why is the price different? You said it is 50 dollars.)"라고 하자, 알아들을 수 없는 러시아어로 한참을 떠들었다. 에디는 정색하며 말했다. "러시아어를 못 해 경찰을 지금 당장 부를 수밖에 없다.(I can't speak Russian but I have to call police right now.)"라고 큰 소리를 쳤다.

에디의 단호한 태도에 택시기사는 "미안합니다. 여기까지 오는데 시간이 꽤 걸렸으니 팁으로 10달러만 더 주실 수 있을까요?(I am sorry but it takes for long time to come here and could you please pay me 10 bucks more?)"라며 태도를 바꿨다. 너무도 괘씸했지만 안전을 고려해 팁으로 10달러를 더 주고 서둘러 내렸다.

호텔에서도 러시아 호텔 직원들의 서비스 수준과 식당, 호텔 내부는 유럽나라들보다 많이 뒤떨어져 있다는 인상을 지울 수 없었다.

다만 다음 행선지 모스크바로 가는 지하철 내부는 유럽 지하철보다 훨씬 고풍스럽고, 지하 100여m 아래에 건설된 것을 보고 놀랐다. 무엇보다 지하 구조가 평양의 지하철과 비슷했다. 평양의 지하철 2개 노선 건설기술을 소련의 기술자들이 제공했다는 말이 실감이 났다. 모스크바 지하철은 평양 지하철의 구도와 벽화까지 매우 비슷했다. 상트페테르부르크-모스크바를 왕복하면서 잊고 있던 평양의 모습이 떠올라 에디는 한순간 전율을 느끼기도 했다.

북한 남한 호주 연애와 결혼 풍속도

에디는 청진과 평양에서 대학생활을 했다. 해외유학을 하려고 학업에 집중하느라 연애할 여유는 없었다. 하지만 가까운 친구들과 선배들의 청춘사업(북에서 연애를 이렇게 부름)에는 이런저런 이유로 중개역할을 해본 경험이 있다.

북한 대학생들은 원칙적으로 연애를 하면 안 된다. 남녀대학생이 대학 구내에서 혹은 대학 외부에서 연애질(애정행각)을 하다가 적발되면 대학 퇴학 혹은 건설현장으로 쫓겨나거나 혁명화 대상이 되기도 한다.

하지만 5~10년 군복무를 마치고 대학에 들어온 제대군인 대학생들에게는 관대한 편이다. 이들은 17살에 군에 입대, 10년 가까이 군복무를 하고 25~28살에 대학에 입학한다. 20대 중반이 넘는 나이다. 4~5년이나 대학을 다녀야 한다. 이들은 대학생 때 결혼을 해야 한다. 그러니 이들의 연애는 대개 눈감아 주고 문제 삼지 않는다.

북한 청춘들의 연애와 결혼도 자유연애가 대세다. 그래도 성분이 좋은 뼈대 있는 집안에서는 결혼 대상자의 계급적 성분을 중요하게 여긴다.

양측 집안의 전적인 지지로 결혼하고 축하받으려면 두 사람의 계급적 성분이 비슷해야 한다. 예를 들어 '째포(재일귀국자)' 자녀들은 같은 째포들끼리 하는 게 관행이었다. 사회적으로 계급적 성분이 서로 비슷하고 일본물을 먹어본 할아버지나 부모의 영향을 받은 이른바 '깬 사람들끼리' 연애하고 결혼해야 뒤탈이 없다는 것이다. 특히 일본에 남아있는 친척들로부터 경제적으로 지원을 받는 귀국자 집안끼리 결혼하는 문화를 토박이 북한 사람들은 꼴사납고 괘씸하다고 여긴다.

에디의 한 친구는 항구도시 청진에서 잘나가는 째포 집안 출신이었다. 집에 놀러 가면 1980년대 초반인데 당시에 얇은 컬러TV에 리모컨까지 있고, 갖가지 전자, 전기 제품 그리고 소형 토요타 자가용도 있었다. 그 친구의 여친(애인) 중의 첫 번째 애인은 의대졸업반에 똑똑하고 예뻤다. 하지만 지방의 평범한 집안 출신 여성이었다. 그녀의 부친은 이렇게 주장했다. "까치는 까치끼리, 뻐꾸기는 뻐꾸기끼리 살아야 한다." 결국, 이 친구는 의대 여학생을 포기하고 째포 출신 여자와 결혼했다.

남한에서 자유연애와 동거 문화를 보고 에디는 문화적으로 충격을 받았다. 에디는 사회에서 만나 친해진 한 친구가 여자친구와 같은 집에 살고 있는 것을 목격했다.

에디는 "너 결혼 안 하고 여자친구와 같이 사는데 여자 쪽 집안도 찬성이야?"라고 물었더니 "형, 이게 무슨 문제 있어? 살다가 맘에 들면 결혼하는 것이고….".라고 하는 말에 말문이 막힌 적이 있다.

서울에서도 사돈 될 사람들끼리 서로 생활 수준을 재고, 경상도, 전라도 등 출신 지역을 따지는 것을 보고 계급적 토대를 따지는 것은 남한이나 북한이나 마찬가지라는 생각을 했다.

호주 시드니에서 계약동거나 계약결혼을 하는 모습을 쉽게 지켜볼 수 있었다. 서로 다른 문화권에서 온 이민자들끼리 서로 눈이 맞으면 결혼보다는 먼저 동거를 시작했다. 한집에 살면서 비용은 각자 부담했다. 서로 동거 조건을 명시하고 어기면 페널티를 내든지 아니면 헤어지거나, 최악에는 상대를 법적으로 고소할 수 있는 문구를 계약서에 넣었다. 그리고 이런 동거 과정을 거쳐 서로 마음에 들면 계약결혼까지 갔다.

한국 전국 일주…쏘나타 타고 순례

친구들과 때로는 나 홀로 남한 전역을 돌아다녔다. 신혼여행을 아내와 함께 남한의 북단 강원도 고성에서 시작해 부산, 경상도, 충청 지역까지 일주일 코스로 다녀왔다. 에디는 고려대 동기인 임동욱과 함께 서울, 인천, 서해안을 따라 광주, 목포, 강진까지 서해안을 5박 6일 여행하기도 했다. 지인의 초청으로 제주도를 3박하며 여행했던 경험도 있다.

남한 곳곳을 둘러보며 그 지역의 지리와 역사도 익히고 특색 있는 현지 음식과 술을 맛봤다. 강원도에 들렀을 때 북한에서 먹던 친숙한 음식들이 많아 놀랐다. 아바이순대와 명태식혜 그리고 명태순대 등은 잊지 못할 고향의 맛과 거의 비슷했다.

그러나 고향에서 즐기던 문어회는 남한 강원도 음식과 많은 차이가 났다. 고향의 문어 요리는 갓 잡은 문어를 살짝 익힌 후 오이, 과일, 미나리 등을 식초, 설탕과 함께 넣어 버무리는 방식이다. 여기선 익힌 문어를 그대로 썰어 초장에 주로 찍어 먹었다.

강릉지역에서 유명한 순두부는 고향의 맛과 너무 비슷했다. 에디는 이곳에서만 이틀씩이나 머물렀다. 순두부를 아침 해장국으로 먹기도 했다. 묵호항, 주문진항 등에서 아주머니들이 파는 오징어는 고향에서 비싸 제대로 먹어보질 못했는데 양껏 먹을 수 있어 감동이었다. 1990년대 말 서울에서 속초나 강릉을 갈 때 고속도로가 없었다. 한계령 등 가파른 고개를 넘어가야 했다. 눈에 뒤덮인 한계령을 쏘나타를 타고 미끄러지면서 지그재그로 아슬아슬하게 넘었다.

울릉도와 부산 그리고 진해 등지로 아내와 함께 여행을 다녔다. 횟집이 즐비한 부산, 해군 함정과 벚꽃 향기가 가득한 진해 그리고 동해에서 출발하여 4시간 이상 뱃멀미를 감내하며 당도했던 울릉도의 기억은 항상 새롭다. 변덕스러운 기후로 파도가 너무 쳐 울릉도에서 오도 가도 못해 발을 동동 구르기도 했다. 그러다가 방송출연을 위해 헬기로 육지로 나온 적도 있다. 남해바다 끝 진도에서 맛본 낙지요리와 전주에서 즐기던 30첩 한식 요리 그리고 민주 항쟁의 도시 광주에서 맛본 호남음식도 잊을 수 없다.

북한과 남한 냉면 재료부터 큰 차이

고향에서 냉면(랭면)을 자주 먹었다. 랭면은 추억의 음식이다. 북한의 랭면은 지역에 따라 맛과 질도 크게 차이 난다.

우선 평양의 랭면은 아주 비싸고 특별할 때 먹는 음식이다. 특히 옥류관 랭면은 평양사람들일지라도 일 년에 한두 번 먹는 것으로 만족해야 하는 고급 음식이다. 평양랭면은 주로 여름에 먹는 음식이다. 면에 양강도나 높은 고산지대에서 생산되는 메밀이 40% 이상 들어간다. 메일과 함께 양강도 지방에서 나오는 감자 전분을 15%가량 넣고 나머지는 갖가지 밀가루를 고루 섞어 만든다. 따라서 면이 남한보다 좀 질기고 검은색이다. 남한의 면은 고급스럽게 정제된 메밀가루를 15~20% 사용하므로 면의 색깔이 검지 않고 약간 회색을 띤다.

평양랭면 육수는 서울의 보통 식당에서 맛볼 수 있는 육수와 아주 다르다. 육수에 소고기를 넣지 않는 게 특징이다. 대신 닭고기와 돼지고기가 들어간다. 또 꿩고기를 넣고 만든다. 이렇게 만든 육수를 5~7일 정도 숙성시킨다.

함흥랭면은 사실 북쪽 지방에서는 그렇게 대중적이지 않은 음식이다. 일부 양강도, 함흥 등 추운 지역에서 특식으로 만들어 먹는다. 함흥랭면의 면은 80%의 감자전분과 20% 미만의 밀가루를 섞어 만든다. 이빨로 면을 끊을 수 없을 정도로 질기다. 에디는 1992년 함흥에 있는 친구집에서 함흥랭면(감자전분랭면)과 감자전분떡을 먹었다. 당시 감자전분 떡은 맛있게 먹었지만, 함흥랭면은 너무 질겨 이빨로 끊어 먹기가 어려웠다. 처음부터 마지막까지 그냥 삼켜 먹어야 했다.

서울 사람들이 즐겨 먹는 함흥랭면 위에 얹어 먹는 명태무침이나 가자미식혜 등은 이북 사람들에게는 아주 고급 음식이다. 아무 때나 함흥에서 가서 찾아 먹을 수 없는 음식이다. 하지만 평양지역에서 고급 랭면 전문 음식점에 가면 고급 함흥랭면을 맛볼 수 있는데, 회무침을 만들 때 꽤 많은 식초와 설탕을 섞어서 맛이 달고 시큼하다.

서울에도 유명한 냉면집들이 많다. 고향의 맛을 찾아 우래옥, 을지면옥, 오장동 함흥냉면, 필동 평양냉면 등을 다녀봤다. 하지만 평양옥류관이나 청류관 랭면처럼 고급스럽고 정성스러운 냉면은 찾아볼 수 없었다.

사교육…남, 북, 호주 부모 등골 부러져

에디는 아이들을 키우기 시작할 때 될 수 있으면 사교육을 안 시키려고 했다. 현실과는 맞지 않았다. 딸과 아들이 고등학교 2, 3학년에 올라가니 어쩔 수 없었다. 아이들의 친구들도 대부분 과외를 받았다.

아이들도 과외를 받으면 성적이 올라갔다고 좋아했다. 아이들에게 태권도, 피아노, 기타, 드럼 그리고 성악을 가르쳤다. 북한에서라면 과외를 시키기 어려운 과목도 있었지만, 사교육에 많은 돈이 드는 것은 남한이나 북한 그리고 시드니 모두 마찬가지였다.

아들이 고3 때 수학과 영문학 과외를 받고 싶어 했다. 실력 있는 과외 선생님을 찾았다. 시드니 고급아파트 지역에 비공개 사설 학원을 차려놓고 고액 과외를 하는 젊은 변호사들도 있었다.

남한의 사교육 시장은 너무나 크고 학부모들의 사교육비 부담이 커서 대통령까지 나서서 그 폐해를 걱정하는 상황까지 왔다. 어떤 유명한 학원 일타강사는 일 년에 200억 원을 번다고 방송에 나와 떠들며 자랑하고 있으니 더 말해 뭐 하겠는가?

북한 청소년들도 사교육을 받는다. 힘 있는 간부 자녀들은 일반 사람들이 상상하기 어려운 큰돈을 내고, 명문대에 다니는 대학생들을 초빙하여 자녀들에게 특별한 과외를 시키고 있다. 에디는 90년대 초반에 평양에서 돈 많은 누님의 아들을 가르친 적이 있었다. 2시간 과외수업을 하면 미화 5달러를 받았다. 그 돈이면 사실 일반 노동자의 한 달 월급보다 더 많았다.

또 에디는 평양에서 과외 교사로 성적을 높여준 감사 표시로 미화 500달러를 이자 없이 빌리기도 했다. 지방 도시에 있을 때도 도당 고위 간부 자녀를 대상으로 개인 과외를 약 3개월 한 경험이 있었다. 그때 에디는 적지 않은 과외비와 함께 한 달에 한 두 번씩 선물을 받았다. 학생 부모에게 청탁도 가능해 주변에서 빽이 꽤나 있는 사람으로 통하기도 했다.

한반도 공존번영 '금맥'…호주 기업도 '군침'

지구물리탐사 전공…호주서 컨설턴트에 도움

에디는 북한에서 지구물리탐사학을 전공했다. 지구물리탐사란 물리적인 기구나 항공기, 화학적 방식을 사용해 지하자원을 탐사하는 방식이다. 지구물리탐사학에는 물리탐사, 화학, 인공위성 및 항공 탐사 등이 있다. 에디는 지구물리탐사학의 기초를 1989~90년 사이 북한의 주요 광산 지역을 직접 찾아다니며 익혔다.

대표적인 자철광 생산지인 무산광산, 검덕광산, 허천광산, 혜산지구광산, 덕천지구광산, 홀동지구 광산, 평산우라니움(우라늄) 광산, 그리고 동해지구 원유탐사지구까지 대규모 광산을 거의 다 돌아봤다.

북한은 여행의 자유가 엄격하게 제한된 체제다. 하지만 지질학 전공 대학생들에게 예외적으로 여러 곳을 다닐 수 있게 허용해 줬다. 자원개발 실습과 탐사여행 명목이다. 대규모 광산에 실습을 나가 직접 광산 지하 갱도에 들어가 봤다. 광산을 탐사하는 과정은 힘들었지만 귀중한 경험이었다. 현재 동북아지역 자원개발 프로젝트들에 관여하고 있는 원동력이기도 하다.

무산광산은 북한에서뿐만 아니라 세계적으로 유명하다. 대규모 자철광석이 매장된 무산광산은 대표적인 북한의 자원보고다. 함경 북도 무산군 창렬구에 위치한 이 광산의 매장량은 현재 지질탐사 로 확정된 매장량만으로도 15억t 이상이다. 앞으로 더 많은 광상들 이 발견될 가능성이 크다. 이 광산은 노천광산으로 철광을 캐기가 아주 쉽다. 철 함유량이 30~40%에 달해 아주 경제성이 크다고 알 려져 왔다. 이곳 무산광산연합기업소에서 5만여 명이 일하며 매년 500만t 이상의 광석을 생산하고 있다. 그 규모는 아시아에서 제일 크다. 이곳에서 생산된 광석은 1차 가공(선광과정)을 거쳐 80% 정도 의 분말 상태로 무산에서 약 200km 떨어진 청진시 김책제철연합 기업소에 대규모 수송관을 통해 고압으로 보내진다.

철광석 수송관

이곳에서 생산된 철광석은 품질이 좋다. 앞으로 한국과 일본에 수출할 수 있는 모든 조건이 갖춰져 있다. 현재는 함경도와 이웃한 중국으로 대부분 수출하고 있다.

함경남도 허천군 허천광산은 북한에서 가장 중요하게 생각하는 동과 아연 그리고 금, 은을 생산하고 있다. 이곳은 외국에 잘 알려지지 않은 북한의 중요한 광산이다. 동 매장량은 약 1천만t이다. 매년 1만t 정도의 동과 3t 이상의 금, 은을 생산하고 있다.

홀동지구광산은 황해북도와 평양시 사이에 위치하고 있다. 이곳은 금, 은을 생산하는 핵심광산이다. 매장량은 약 1,000t으로 추산된다. 매해 5t 이상의 금을 생산하고 있다. 이곳에는 3천여 명의 광산노동자들이 일하고 있다. 외국 기업들이 투자하고 싶은 대상 1호로 꼽히기도 한다.

동해지구 원유탐사 지구는 강원도 통천군에 있다. 이곳에서는 1980년 중반부터 원유탐사를 시작하여 샘플 원유시추에 성공했다. 대규모 개발을 위한 탐사를 계속하고 있다. 이곳의 원유매장량은 구체적으로 확인되지 않았다. 앞으로 외국기업이 원유시추 시설에 투자하게 되면 경제성이 있는 개발 지역이 될 것이다.

평산우라니움 광산은 황해북도 평산군에 있는데, 이곳에는 핵원료인 우라늄이 매장되어 있다. 그 매장량은 구체적으로 알려지지 않고 있다. 현지 탐사기술자들이 말하기로는 앞으로 100년은 충분히 생산하고도 남을 정도라고 한다. 이곳 광산에는 1만여 명의 광산노동자들이 일하고 있다. 연간 생산량은 비공개다.

혜산지구 동광산은 량강도 혜산시에 있다. 혜산지구에는 동 관련 광산들이 밀집해 있다. 이 지역의 대표광산은 혜산청년광산이다. 연간 생산량은 순동 2만t 이상이다. 매장량은 약 500만t에 달한다. 이 광산 종업원은 약 2만 명이다.

북한의 희토류 매장량은 세계적인 규모로 알려져 있다. 평안북도 정주를 중심으로 10여 종의 희토류가 매장된 것으로 보고된 바 있다. 이 지역에서 나오는 희토류 원석을 정밀 조사한 결과, 중국산 희토류 못지않은 것으로 확인됐다. 이는 호주 투자회사들이 이 지역 희토류 샘플을 입수해 관련 연구기관들에 의뢰한 결과다.

석탄 매장량은 대단하다. 함경북도 은덕군을 주변으로 하는 북부지구탄광연합기업소, 평안남도 개천군을 중심으로 하는 개천지구탄광연합기업소, 덕천군을 중심으로 하는 덕천탄광연합기업소 등이 유명하다. 이곳에서 생산되는 석탄 종류는 고열탄, 무연탄, 갈탄 등이다. 그 품질은 열량에 따라 고급, 중급, 저급으로 나뉜다. 이들 탄광에서 생산되는 고급, 중고급 석탄은 중국으로 수출되고 있다. 하지만 머지않아 남북이 협력하는 시대가 오면 일본, 한국의 산업 발전에 없어서는 안 될 가장 중요한 연료로 사용될 것이다.

한반도 공존번영 '금맥' 북한 지하자원

에디는 북한을 떠올릴 때마다 각종 지하자원 광물의 이름이 불쑥불쑥 튀어나온다. 북한에서 지하자원 관련 분야를 전공을 한데다가, 호주에서 회계사가 된 뒤 자문도 북한의 지하자원과 관련된 게 많았다. 에디는 호주투자자들이 찾는 제대로 된 북한 지하자원 전문가라고 할 수 있다. 호주는 자원부국이면서 투자자금도 충분히 보유해 북한의 지하자원 개발에 투자할 기회를 계속 엿봐왔다. 호주 기업 입장에서는 에디는 북한 지하자원 개발에 맞춤형 인재다.

북한의 지하자원은 지질학적 연대로 제4기 시대에 형성된 열수변성암과 몇십억 년 전에 쌓여온 퇴적암에 의해 생겼다. 북한 지질학자들은 열수변성 이론과 퇴적 이론을 바탕으로 탐사활동을 한다. 열수변성은 지구핵 내부 가까이에서 몇만 도의 고온과 몇천 기압에 의해 같은 성분끼리 뭉쳐 지각 위로 올라오면, 용암이 굳어 지금의 각종 광물질이 되었다는 이론이다. 또 지구의 겉면에 수십억 년 동안 쌓인 우주 먼지와 동식물 사체 덩어리가 지각운동, 화산 폭발 등 강력한 지질 작용에 의해, 새로운 암석이나 광물질, 원유 등을 만들었다는 게 퇴적이론이다.

북한의 지하자원 매장량과 가치를 두고 말이 많지만 지하자원이 풍부한 것은 부인할 수 없는 사실이다. 북한이 국제적 고립과 미국과 유엔의 경제제재에도 체제를 유지해온 비결을 한 가지만 꼽자면 지하자원을 들 수밖에 없을 것이다.

한국광물자원공사의 2016년 북한 주요 지하자원 추정치에 따르면 금 2천t(세계 6위), 마그네사이트 60억t(세계 3위)이나 된다. 중요한 에너지 광물이자 원자력 원료인 우라늄도 평안북도와 함경북도 지역에 400만t이나 묻혀 있는 것으로 추정된다. 무엇보다 세계 광물자원전쟁의 핵으로 떠오른 희토류 매장량도 상당한 것으로 알려져 있다. 2011년 조선신보는 희토류 매장량을 2천t이라고 보도한 바 있다.

이런 지하자원의 잠재가치가 10조 달러 이상 될 것이라는 외신 보도도 나온 적이 있다.

그 가치는 확실하게 추산할 수 없지만, 한반도 상황이 안정화돼 남북 경제협력이 원만하게 이뤄진다면, 낙후한 북한을 발전시키는 데 엄청난 지렛대 효과를 발휘할 수 있다고 에디는 생각한다.

또 한반도가 금수강산으로 불려왔던 것처럼 북한 지역에는 꽤 많은 금이 매장되어 있다. 어떤 자료에는 북한 지역 매장량이 5천t 정도라고 한다. 수십조 원 이상의 가치를 지닌다.

[표] 한국광물자원공사 남·북한 광물자원 매장량 현황(2016년 기준)

구분	광종	품위	단위	매장량(톤) 북한	매장량(톤) 남한
금속	금	금속기준	톤	2,000	47
금속	은	금속기준	톤	5,000	1,568
금속	동	금속기준	천톤	2,900	51
금속	연	금속기준	천톤	10,600	426
금속	아연	금속기준	천톤	21,100	460
금속	철	Fe 50%	백만톤	5,000	37
금속	중석	WO3 65%	천톤	246	118
금속	몰리브덴	MoS2 90%	천톤	54	22
금속	망간	Mn 40%	천톤	300	176
금속	니켈	금속기준	천톤	36	–
비금속	인상흑연	각급	천톤	2,000	122
비금속	석회석	각급	억톤	1,000	132
비금속	고령토	각급	천톤	2,000	116,321
비금속	활석	각급	천톤	700	8,125
비금속	형석	각급	천톤	500	477
비금속	중정석	각급	천톤	2,100	842
비금속	인회석	각급	억톤	2	–
비금속	마그네사이트	MgO 45%	억톤	60	–
석탄	무연탄	각급	억톤	45	4
석탄	갈탄	각급	억톤	160	–

북한의 광물자원 통계..한국광물자원공사(현 한국광해광업공단) 남북자원협력실
이인우(2017년 9월) 7p 참조

평안남북도에 주로 매장되어 있는 금은 지난 일제강점기에 일본 기업들에 의하여 본격적으로 탐사, 개발돼 많은 양의 금이 일본으로 흘러갔다. 일제가 패망하면서 일본 기업들은 자기들이 탐사 개발한 금 매장 지도 및 개발 계획을 전부 극비리에 일본으로 빼돌

렸다고 한다. 그리고 아직도 일본의 재계에서는 이런 지도를 서로 사고판다는 소문도 있다.

현재 북한은 자체로 금 광산 개발 및 추가 탐사를 많은 자원을 들여서 하고 있지만, 일본 기업들이 했던 것보다는 큰 성과를 내지 못하고 있다. 북한에는 새롭게 탐사되고 개발되는 희토류 광산도 꽤 많은 것으로 알려졌다.

북한 자원 중 특별한 것은 석유자원이다. 북한에서 처음으로 원유가 발견된 곳은 1985년 강원도 통천과 함경남도 경계 앞바다였다. 청진광산금속대학 지질박물관에 여기서 채취한 원유 견본과 시추 물질이 보관돼 있다. 에디도 직접 봤다.

그 이후 북한은 이 지역과 서해바다 지역에서 추가적으로 광구를 발견했지만, 원유시추를 위한 자체 기술 부족과 해외 기술진과 추가개발 및 이익에 관한 문제로, 더 이상 진전이 거두지 못한 것으로 알려져 있다.

앞으로 북한이 경제성 있는 원유개발을 본격화한다면 북한의 경제 개발에 혁신적 성과가 가능하리라고 에디는 판단하고 있다.

다만 북한은 광물자원 매장량을 국가 자산으로 규정하고, 현재까지 지하자원에 대한 통계 자료는 대외비로 철저히 통제하고 있어 북한 내 지하자원에 대한 체계적이고 정확한 통계자료는 정리할 수 없는 것이 현실이다.(북한의 광물자원 통계. 한국광물자원공사(현 한국광해광업공단) 남북자원협력실 이인우(2017년 9월) 10p 인용)

북한의 주요 광산 현황

성화탄광(석탄)
고건원탄광(석탄)
6월13일탄광(석탄)
오룡광산(철)
무산광산(철)
라선특별시
부윤광산(니켈)
3월5일광산(동)
함경북도
대흥광산
마그네사이트
혜산광산(동)
양강도
신원광산(흑연)
동양광산
(마그네사이트)
검덕광산(아연)
자강도
상농광산(동)
동암광산
(인회석)
덕현광산(철)
은산광산(금)
함경남도
평안북도
룡포광산(희토류)
룡동탄광(석탄)
철산광산(희토류)
서창탄광(석탄)
룡흥광산
(몰리브덴)
청남탄광(석탄)
천성탄광(석탄)
2.8직동탄광(석탄)
영상광산(티탄)
평안남도
대리광산(인회석)
순천광산
(석회석)
평양
만년광산(중석)
을동광산(금)
수안광산
(금)
강원도
은률광산(철)
황해북도
김화광산(망간)
평산광산
(우라늄)
원동광산(탄달륨)
은파광산(아연)
황해남도
정촌광산(흑연)

범 례

○ 금   ● 우라늄
● 동   ● 희토류
○ 아연   ● 흑연
● 철   ● 인회석
● 중석   ○ 마그네사이트
● 몰리브덴   ○ 석회석
● 니켈   ● 석탄
● 티탄   ● 망간
● 탄달륨

자료·북한자연연구

호주 기업들, 북한자원개발에 군침

　북한자원개발 프로젝트에 호주 자원개발 기업들이 참여하려고 기회를 엿보고 있다. 물론 미국과 유엔 대북제재 문제로 이들 프로젝트는 아직 걸음마 단계에 머물고 있다. 하지만 유엔의 대북제재 해제 시기를 기다리며 기업들이 투자 준비를 하고 있다.

　특히 미국의 정치지형 변화, 즉 미국 공화당 대선후보인 도널드 트럼프 전 대통령이 오는 11월 대선에서 재선 도전에 성공한다면, 북미관계에도 커다란 변화가 올 수 있다. 북한과 미국이 빅딜을 통해 경제제재를 완화하면, 북한지하자원 투자는 동아시아 경제에 큰 기회가 될 수 있다. 세계 주요 기업들은 물밑에선 손익계산에 분주하다. 이들 기업 중에 호주 기업들의 관심은 단연 돋보인다.

　그 이유는 많다. 우선 호주 자원기업들의 가장 중요한 구매기업들이 동북아시아에 몰려 있다. 전체 자원 수출의 80% 이상을 차지하고 있다. 호주 기업들은 북한자원을 개발해 자신들이 이미 확보한 동북아 고객 기업들을 대상으로 팔고 싶어 한다. 호주는 방대한 지하자원을 보유한 덕에 탐사와 개발에 주도적 역할을 해왔다.

호주 광산기업들은 지난 100여 년 동안 지하자원 탐사와 확인된 자원을 개발하는데 필요한 기술과 노하우를 축적해왔다. 그런 만큼 북한 광물자원 개발자로서 이미 충분한 학습을 한 상태다.

호주 광산, 탄광 기업들은 이미 중국 동북 3성에 수십 년 전부터 진출했다. 그동안 자신들의 노하우와 자본을 이용하여 충분한 기술력과 개발 경험을 축적했다. 북한에 이를 적용하고 싶어 한다. 호주 기업들이 해외 투자기회를 엿보는 이유는 호주에서 자체 개발에 어려움을 겪고 있기 때문이다. 호주에서는 살인적인 인건비와 자원개발에 소요되는 인허가 및 지역 주민들을 설득하는데, 소요되는 시간과 비용이 엄청나다. 기업들이 이미 지쳐 있는 상황이다.

호주 기업들 입장에서 보면, 광산개발 환경평가와 지역 주민 설득 등에 소요되는 시간과 보상금 부담이 적은 북한은 대단히 매력적인 투자처라고 할 수 있다. 북한은 당국과의 계약을 체결하는 즉시 개발에 돌입할 수 있어 호주 기업들은 엄청난 매력을 느끼고 있다. 지금 이 시간에도 해외기업들은 북한자원개발 및 투자를 위해 물밑에서 움직이고 있다.

해외기업들은 북한의 노동력에도 눈독을 들이고 있다. 고등교육을 받은 양질의 노동자들이다. 그런데도 임금은 서방국가나 동남아와 비교가 안 될 정도로 낮은 수준이다. 서방의 자본과 기술에 북한의 노동력이 결합되면 대단한 성과를 거둘 수 있기 때문이다. 개성공단에 진출한 남한기업들은 이런 북한 노동력 덕분에 많은 수익을 올린 바 있다.

북한 토지도 사실상 100% 국유지다. 1977년 제정한 북한의 토지법 제 9조에 따르면 "조선민주주의인민공화국에서 토지는 국가 및 협동단체의 소유이며 나라의 모든 토지는 인민의 공동 소유로서 그것을 누구도 팔고 사거나 개인의 것으로 만들 수 없다." 개발과정에서 사유지 보상에 따른 걸림돌이 없다. 한국은 전체 토지 가운데 국유지는 25%에 불과하다.

북한 여행…열차가 가장 중요한 수단

북한을 여행하는 데 있어서 가장 중요한 이동 수단은 열차이다. 근래에 들어와 버스 서비스 제공비용으로 외화만 받고 대도시 사이를 비정기로 운행하는 '서비스 버스'라는 새로운 이동 문화도 생겼다고 한다. 하지만 서비스 버스는 아무나 탈 수가 없다. 경제적 능력이 있는 일부 계층이나 소위 장사를 하는 사람들이나 탈 수 있다.

한국에서 시외버스나 고속버스터미널에 가면 아무나 쉽게 탈 수 있는 장거리 버스와 고속버스가 북한에는 없다. 따라서 도시와 도시, 도와 도의 경계를 이동하려면 여행증명서와 함께 열차 차표를 구입해야 한다. 물론 열차표 역시 국가기관에서 발급한 여행증명서가 있어야 구입 가능하다.

북한 여객열차 노선은 평양을 중심으로 크게 5가지로 나누어져 있다. 평양-신의주, 평양-온성, 평양-해주, 평양-혜산, 평양-평강 등이다.

평양-신의주 노선은 평양에서 출발하여 평원, 숙천, 문덕, 운전,

정주-신의주로 약 4시간 소요된다. 평양-혜산 노선은 평양에서 출발하여 개천, 향산-희천-강계-만포-후창-신파 등을 거쳐 혜산까지 약 7시간 소요된다. 평양-온성 노선은 북한에서 가장 긴 노선이다. 평양에서 출발해 평성-신성천-고원-함흥-신포-단천-길주-김책-어랑-경성-청진-고무산-온성(무산, 나진)까지 13시간 정도 소요된다. 평양-개성 노선은 평양에서 출발하여 중화-황주-사리원-재령-해주(개성)까지 5시간 소용된다. 평양-평강 행은 평양에서 출발하여 강동-양덕-원산-안편-세포-평강지 5시간가량 걸린다.

아들 · 딸과 함께 되돌아본 백설의 백두산

북한 땅에서 가장 이름난 산은 누가 뭐라고 해도 백두산이다. 한
민족의 정기가 서려 바라만 봐도 저절로 우러러보고 또 두 손을 모
으게 되는 성산(聖山)이다. 북한을 떠나 남한과 호주에서 가족을 이
루고 생활할 때 항상 떠오른 곳이다. 서울에서 태어나 어린 시절 대
부분을 호주 시드니에서 보낸 아들과 딸에게도 백두산을 보여주고
싶었다. 무엇보다 백두산은 에디가 두고 온 고향과도 가까웠다.

최대 수심이 384m, 둘레가 14km, 윗부분 직경이 5km나 된다.
산 꼭대기에 푸른 호수는 하늘을 품은 듯하다.

2013년 12월 말 중국 동북 3성 중 하나인 지린성(吉林省)을 방문했다. 옌벤조선족자치주(延边朝鲜族自治州)의 주도인 옌지에 사는 형님과 옌지공항에서 만나기로 했다. 하와이 호놀룰루 공항을 출발해 중국 상하이 푸둥 공항에 도착, 국내선 비행기로 갈아타고 옌지로 갔다.

마침 옌지에 30cm 이상의 눈이 내려 도시 전체가 눈으로 뒤덮여 있었다. 국제호텔에서 여장을 푼 에디 일행은 저녁을 국제호텔 1층에 있는 북한 식당에서 저녁 7시 공연을 보면서 식사를 했다.

옌지에는 북한 식당이 20여 개나 있다고 했다. 일행이 함께 저녁을 먹은 식당의 공연은 에디가 보기에 수준급이었다. 자랑하듯 아들과 딸에게 북한 식당에서 제공하는 고향음식을 하나하나 설명하고, 접대원들이 부르는 노래와 춤에 대해 자세히 알려줬다. 하지만 아내와 아들·딸의 반응은 예상 밖이었다.

이들은 북한음식에 별다른 반응을 보이지 않았다. 집에서 에디가 자주 북한 음식을 해주었기 때문에 너무 익숙해 집에서 먹던 음식과 큰 차이를 못 느끼는 것 같았다. 특히 북한 접대원들의 공연에 도통 관심을 보이지 않았다. 호주에서 4~5세부터 자란 아들과 딸은 서구식 음식과 문화에 젖어 있었다. 북한 공연이 낯설고 집에서 먹던 북한식 음식과도 맛이 조금 다르게 느껴진 것 같았다. 에디는 서운한 마음마저 잠시 들었다.

다음날 에디와 가족 일행은 옌지에 사는 형님이 운전하는 차를 타고 백두산으로 향했다. 백두산 자락에 있는 스키장에서 즐겁게

장백산 지구 호텔 체인 정경

스키를 타고 백두산 정상에 올라가 천지를 보고 오려고 했다. 백두산으로 가는 도중에, 에디 일행은 옌지와 백두산 중간에 있는 이도백화(二道白河)에서 북한식과 동북식을 겸한 점심을 먹었다.

백두산 지역에서 나는 각종 산나물과 토끼, 닭고기로 잘 차려진 음식이었다. 모처럼 다들 입맛에 맞았는지 맛있게 먹었다. 아직도 아내는 그때의 음식 맛을 못 잊어 한다. 호주에서 돌아와서도 백두산을 여행하다 먹었던 음식을 떠올렸다. 백두산 주변에 자그마한 집을 별장처럼 사서 휴양하면서 일 년에 한두 번씩 가서 음식을 먹어보고 싶다고 했다.

백두산 자락 남쪽 지역의 관광지역에는 세계적인 호텔 체인들이 들어서 있었다. 에디 일행은 그곳에서 편히 하룻밤을 묵었다. 다음 날 에디와 아들은 눈이 두텁게 쌓인 백두산에서 스키를 즐겼다. 하

장백산 소백수를 낀 온천호텔 정경

늘에서 내린 그야말로 천연 그대로의 눈이었다.

아들은 한두 번 에디로부터 간단한 스키 교습을 받고도 줄곧 잘 탔다. 에디와 아들은 3시간 정도 스키 중간 코스에서 즐겼다. 아내와 딸은 스키장 아래에 마련된 커피숍에 들리고 문화 시설을 둘러봤다. 이곳에서 하룻밤을 더 지내고 에디 일행은 백두산 정상을 오르기 위해 새벽부터 움직였다.

중국 쪽에서 백두산 정상으로 올라가려면 백두산 남쪽 입구나 서쪽 입구를 지나가야 한다. 당시 남쪽 게이트는 닫혀 있어 서쪽 게이트만 이용이 가능했다. 백두산을 등반한다고 마음속으로 어려운 등반을 예상했었다. 실제로 현장에 가보니 쉽게 올라갈 수 있었다. 4

륜 구동 차량을 이용하여 백두산 입구에서 정상 바로 밑까지 30분 만에 갈 수 있었다. 물론 꽤 비싼 차량 이용료를 지급했다.

백두산 정상 바로 아래에 도착한 에디 일행은 15분 동안 걸어 천지가 아래에 보이는 정상에 도달했다. 세계에서 가장 높은 곳에 위치한 화산 연못 천지는 두만강과 압록강의 젖줄이다. 천지를 가득 채운 푸른 물은 깊이를 가늠할 수 없을 정도로 푸른 빛을 머금고 있었다. 푸른 하늘빛과도 너무 닮아 있었다. 그곳에서 천지 건너편에 까마득히 보이는 북한 쪽 고향 하늘을 올려다봤다. 에디는 고향에 살고 있을 어머니와 형들 그리고 누이에게 마음 속으로 인사를 했다.

당시 이곳의 기온은 영하 30도 정도였다. 때마침 태양이 빛을 내며 구름을 헤치고 나와 백두산 전체 모습을 5분가량 드러냈다. 백두산의 전체 모습을 마주하기는 쉽지 않다. 워낙 큰 산이라 기후가 변화무쌍하다. 온전히 백두산 모습을 마주해 두고두고 행운이란 생각이 들었다. 백두산 모습을 겨울에 전부 보려면 3대가 덕을 쌓아야 한다는 말이 있을 정도다. "우리가 큰 행운을 얻었다."고 자랑스럽게 말했지만, 아이들과 아내는 그렇게 감동한 표정은 아니었다.

정상 바로 아래 간이휴게소에서 한국산 너구리왕뚜껑라면을 먹었다. 에디 일행은 백두산 장백폭포와 그 주변을 구경하고 백두산 아래 호텔에서 1박을 했다. 온천을 즐기며 여행객의 피로를 풀었다.

꿈속 고향 묘향산, 금강산, 주을온천

하늘 아래 최고의 명산으로 알려진 금강산. 아름다움은 말로 표현하기 힘들 정도다. 옛 선인들은 이구동성으로 금강산을 보지 않고는 천하의 산수를 논하지 말라고 했다. 그런 만큼 겸재 정선과 단원 김홍도 등 조선 최고의 화가들이 왕명을 받들어 금강산 곳곳을 돌며, 신선이 금방이라도 나올 듯한 장면을 화폭에 담아 국왕에게 바치기도 했다. 북한도 금강산 지역을 국제관광지대로 개발하면서 보존에 국가적 관심을 쏟고 있다.

북한은 금강산을 절승경개(絶勝景概 경치가 대단히 아름답고 좋음)의 하나로 자랑한다. 2018년에 금강산 지역은 유네스코 생물권보전지역으로 지정을 받았다.

또 금강산은 불교의 성지로 유명하다. 태조 왕건이 금강산 고갯마루에 도착하자, 멀리서 법기보살(담무갈)이 1만2천 명을 거느리고 방광(放光)하는 모습에 감동해 절을 올린 배재령이 유명하다. 이런 이야기는 화엄경에 바다 가운데 금강산이라는 곳에 법기보살이 1만 2천 무리를 거느리고 상주하고 있다고 나온다.

에디는 최근 미국 보스턴미술관이 소장해오다 한국 조계종에 기증한 양주 회암사 사리구에 담긴 3여래 2조사(가섭불, 정광불, 석가불, 지공선사, 나옹선사)의 사리가 금강산의 법기보살과 깊은 인연이 있다는 이야기를 전해 들었다.

지공선사가 원나라 6대 황제인 진종의 어향사(御香使) 신분으로, 1326년 금강산의 법기보살에게 향공양을 올리기 위해 고려를 찾았다가 금강산 줄기인 양주 천보산 아래 자리 잡은 회암사에 들렀다. 주변 산세를 본 뒤 세 봉우리가 감싸고 두 개의 물줄기가 만나는 지세가 천축국의 나란다(Nalanda)대학의 터와 같다며, 이곳에서 불법이 크게 일어날 것이라고 했다고 한다.

금강산이 남한 사람들에게 개방됐을 때 금강산 관광은 남북한 교류협력 그리고 평화공존시대를 여는 하나의 상징과도 같았다.

하지만 금강산은 남북한을 가로막고 있는 군사분계선 지역과 맞닿아 있어 북한 주민 누구나 갈 수 있는 곳이 아니다. 일반 주민들에겐 TV나 그림 그리고 화보에서 보고 이야기로만 들을 수 있는 곳이었다. 그런 금강산을 에디는 두 번이나 둘러봤다. 아무나 누릴 수 없는 호사였다.

첫 번째 금강산에 갔을 때는 1970년대 중반이었다. 아버지가 영관급 고급장교 신분이라 가능했다. 당시 가족 휴양차 인민군 고급군관 휴양소에서 2주일가량 온 가족이 함께 지내며 금강산을 둘러봤다. 70년대 중반에 금강산 바위에 김일성 주석의 업적을 칭송을 글을 새기는 공사를 한창 벌이고 있었다. 이때는 어렸고 북쪽 산악

지대에서 살아 금강산의 묘미를 느끼지는 못했다.

두 번째는 대학교에 다니던 1989년 10월 실습차 금강산 지역을 돌아보게 됐다. 그때 바위에 김일성 주석을 칭송하는 글들을 새기는 작업이 끝나 있었다. 바위에 새긴 글씨가 워낙 크고 우람해 1,000년이 지나도 남아있을 것 같다는 생각을 했다.

묘향산, 칠보산, 관모봉 등 북한의 명산들을 다 돌아보고 갔을 때라, 두 번째 금강산 방문 때는 친구들과 노는 데 정신이 팔렸던 것 같다. 아무나 들어갈 수 없는 군 경계지역인 해금강에 들어가 눈치 보지 않고 시간을 보냈다. 친구 아버지 덕분에 이곳에 들어갈 수 있었다. 그때 문어, 해삼 등을 잡아 평양산 소주를 곁들여 해변가에서 배불리 먹었다. 일본산 녹음기를 크게 틀어놓고 '왕재산경음악단' 노래를 들으면서 춤추고 놀았다. 그때 그 순간은 아직도 잊혀지지 않는다.

에디는 북한여행에서 꼭 추천하고 싶은 곳이 있다. 꿈속 고향이나 마찬가지인 묘향산과 주을온천이다.

묘향산은 평안북도 향산군에 있다. 평양에서 약 100km가량 떨어져 자동차로 한 시간 반이면 갈 수 있는 곳이다. 묘향산은 가을에 가는 것을 추천한다. 묘향산 호텔에서 바라보는 묘향산 주변의 강이나 산은 가을에 가장 멋진 모습을 보여준다. 평양에서 차로 약 1시간 30분이면 충분히 갈 수 있다. 특히 평양-희천 고속도로를 이용하면 편하게 갈 수 있다. 8월부터 9월 사이 묘향산을 방문하면 이 지역에서 나는 송이버섯이나 가물치 등 지역 특산물 맛을 볼 수 있다.

묘향산은 숲속에서 신묘한 향기가 난다고 하여, 이름을 묘향산이라고 불렀다고 할 정도로 아름답고 특이한 산이다. 묘향산은 로키산맥이나 알프스산맥보다 크기는 작지만, 골짜기를 따라 깊이 들어가면 갈수록 웅장함과 아름다움이 더해진다.

서산대사 휴정은 묘향산을 한국의 4대 명산 가운데 최고로 꼽았다. 금강산은 빼어 나나 장엄하지 못하고(秀而不壯), 지리산은 웅장하나 빼어 나지 않으며(壯而不秀), 구월산은 장엄하지도 빼어 나지도 못하고(不壯不秀), 묘향산은 웅장하면서도 수려하다(亦壯亦秀)고 평하는 시를 남겼다.

이곳에는 남한 사람들에게도 잘 알려진 보현사가 있다. 보현사는 북한 국보 문화유물 제40호로 지정돼 있어 국가 차원에서 관리를 받고 있다. 특히 보현사는 대장경과 부처님 진신사리를 함께 봉안하고 고승을 배출해 그 자체로 3보를 모두 갖춘 사찰이다. 남한의 3보 사찰은 불보(부처님 진신사리) 통도사, 법보(고려팔만대장경) 해인사, 승보(국사배출) 송광사로 나뉜다. 부처님 진신사리를 모신 5대 적멸보궁(양산 통도사, 영월 법흥사, 정선 정암사, 오대산 상원사, 설악산 봉정암)은 원래 남한에만 있었다. 임진왜란으로 왜구가 통도사 부처님 진신사리를 약탈하지 못하게 하려고 묘향산 보현사까지 이운 해왔는데, 그중 일부를 남겨둬 보현사도 진신사리를 봉안하고 있다고 한다.

보현사의 8각 13층 석탑도 국보급이다. 특히 풍경이 104개나 달

려 있다. 풍경은 북한 말로는 바람방울이다. 바람이 불면 104개나
되는 방울이 산사를 울린다. 임진왜란이 일어났을 때 석탑의 바람
방울이 일제히 "왜란왜란왜란" 하고 울리며 나라에 큰 변고가 났음
을 알렸다고 한다.

이곳에서 서산대사가 임진왜란에 대비해 승병을 양성했다. 서산
대사는 묘향산 금강암에서 수행에 정진했다. 태조 이성계를 도와

조선 건국에 기여한 무학대사도 금강암에서 수도했다고 한다.

북한 사람들도 음력 사월초파일을 기념해 각 지역의 절을 찾아가 탑돌이 등을 하며 지낸다. 사월초파일이 되면, 각 절에서는 일주일 전부터 대웅전 등 주요 전각에 내걸 연등을 손질하거나 새로 종이를 붙여 등(燈)을 만든다.

금강산 관광으로 남북교류가 활성화됐을 때 남한 주요 인사들이 반드시 찾는 곳 중의 하나가 묘향산 보현사였다.

에디는 1992년 가을과 1993년 봄에 몇 차례 묘향산을 탐사 및 지리조사차 방문한 적 있다.

에디가 유년시절을 보냈던 지역 중의 하나인 경성 주을온천도 가볼 만하다. 주을온천은 함경북도 경성군 온포리에 위치한다. 역사적으로 북한지역이 조선으로 불리기 전인 발해 때부터 주을온천으로 불렸다고 한다. 40~45도 정도의 온수가 자연적으로 흘러나온다. 백두산 줄기에서 두 번째로 높은 관모봉에서부터 발원한 주을온천의 물은, 깨끗하면서 피부병과 소화에 특효가 있는 것으로 유명하다.

주을온천은 일제강점기에 일본관동군 총사령부의 후방 치료기지였다. 일본 병원과 휴양시설로 만들어졌다가 해방 후 북한이 당 중앙 간부들과 열성일군들도 이곳에서 휴양할 수 있게 고급 시설로 개발됐다.

이곳에는 개인의 사생활 보호를 위해 개인 욕탕이 약 50여 개나 있다. 온천욕과 치료를 위해 북한 전역에서 내노라하는 간부들이 모여드는 곳이다. 고급 외화 식당과 레저 시설들이 잘 구비돼 있다. 특히 관모봉으로부터 흘러내리는 온포천에서 낚시와 수영을 즐길 수 있다.

다롄에서 대북사업…고속열차 타고 중국 전역 여행

에디는 대북사업을 위해 다롄(大連)에 사무실을 운영했다. 이곳에서 많은 투자자와 사업가들과 인연을 맺었다. 다롄에 살면서 한 달에 한두 번씩 베이징으로, 또 선양(瀋陽), 단둥(丹東), 옌지 등지로 출장을 다녀왔다.

다롄의 겨울은 몹시 춥고, 여름은 반대로 매우 더웠다. 전형적인 대륙성 기후다. 에디는 다롄의 중심지역인 중산구에 사무실을 차렸다. 다롄은 중국에서 가장 살기 좋고 깨끗한 도시로 소문난 곳이다. 중국 부자들이 별장을 많이 두고 있다. 또 미인의 도시로도 알려져 있다. 부자들이 숨겨둔 여자들이 이곳 별장에서 살고 있기 때문이다.

다롄에는 일본 횟집들이 즐비하게 있다. 이곳은 일본의 조차지였다. 일본인들이 남겨둔 흔적이 아직도 남아있다. 아직도 일본사람들이 건설해 놓은 경전철 선로를 이용해 전철 차량이 운행하고 있다.

현지인들에 따르면 일본이 건설한 이 경전철 운행 비용의 일부를 일본 정부에서 아직 지원하고 있다고 한다. 이곳 사람들은 일본인들에 대해 적대적이지 않고 일본문화를 즐기는 것 같았다. 일본 상사, 주재원, FDI 회사들이 꽤 많았다. 에디는 이곳에서 한국이나 일본 못지않은 품질의 일본 사시미, 장어 덮밥 등을 즐겼다. 비즈니스 파트너들이 이곳을 방문하면 일본식당으로 데리고 갔다.

다롄에서 사업은 북한에 식량과 생활필수품들을 수출하는 미팅과 협상 그리고 현지 조사가 대부분이었다. 2015년 이후 전국적으로 개통된 고속열차 덕분에 중국여행이 훨씬 수월해졌다. 다롄에서 베이징까지 고속열차로 5시간이면 갈 수 있었다. 베이징까지 일반석은 300위안이고 다롄에서 선양까지 약 3시간, 180위안 그리고 다롄에서 단둥은 1시간 40분으로 한화로 약 2만 원이면 충분했다. 1등석은 한 열차당 약 5~10여 석 있었는데 텅 비어 있었다. 일반좌석의 5배 정도나 비쌌기 때문이다.

가끔 에디는 1등석을 이용했다. 아주 만족스러운 서비스에 시설도 최고급이었다. 비행기의 1등석 보다 훨씬 좋고 조용하고 편안했다. 선양에 가면 조선족과 한족들 그리고 북한 사람들이 많이 모여 사는 서구 지역의 호텔과 식당들을 이용했다. 또 미팅도 이곳 지역 카페, 식당에서 했다. 베이징 방향으로 출장 가면 베이징 왕징구로 갔다. 이곳에 가면 한인 식당과 북한 식당이 모여 있어 많은 사업가들을 만날 수 있었다.

베이징에서 에디는 조선족 사업가들을 만나 많은 도움을 받았다.

이들을 통해 베이징에서 조선족 네트워크를 만들 수 있었다.

이들과 자주 어울리며 중국 경영인들의 문화를 접하게 되었다. 이들과 네트워크를 쌓으려면 그들 만의 클럽에 가입해야 했다. 전용 클럽에 가입하려면 소개서(개인적 보증서)와 최소 100만 위안(한화 약 1억6천만원)의 가입비가 필요했다. 그들만의 리그인 전용 클럽에 들어가야 제대로 사업을 시작할 수 있었다. 이것은 중국에서 사업하는 데 하나의 법칙처럼 작용했다.

에디는 중국인 통역을 대동하고 다녔다. 비즈니스 파트너들이 중국인들이지만 대부분 영어를 잘했다. 하지만 중국정부기관이나 은행 등을 방문하려면 중국어를 어느 정도 사용할 줄 알아야 했다. 처음에는 영어를 잘하는 중국인을 통역으로 고용했다. 하지만 매일 통역을 대동해야 해 번거롭고 비용도 만만치 않게 들었다.

중국어를 배우기 시작했다. 영어를 하는 대학생을 선생님으로 모시고 일주일에 3~5시간 정도 집중적으로 배웠다. 3개월가량 지속했다. 기초적인 회화나 간단한 읽기가 가능했다. 이후 더 이상 공부를 하지 않았다. 더 높은 수준의 중국어가 에디에게 필요하지 않았다. 아주 중요한 비즈니스 토론은 영어로 했기 때문이다. 일반 생활에는 그 정도 중국어로도 아무런 불편이 없었기 때문이다.

한번은 2013년 가을, 베이징의 한 클럽을 방문했다. 외국인 전용이었다. 에디는 중국어로 "우워 쓰 와이꾸런, 오딸리아런.(나는 호주 외국인입니다.)"이라고 말하고 들어가려고 한순간, 클럽 웨이터가 "니 뿌스 와이꾸런, 니 스 중궈런.(당신은 외국인이 아닙니다. 중

다롄-선양 고속열차

국인입니다.)"라고 말하며 가로막았다. 때마침 여권을 들고 가지 않았다. 외국인임을 증명할 수가 없었다. 억울하게 쫓겨나고 말았다.

다음날 중국인 친구에게 말했더니 "당신은 생긴 것이 중국인 같고 짧은 문장으로 말할 때는 발음이나 옷차림이 중국인과 비슷하니 외국인 증빙서류 없으면 곤란하네. 다음부터는 꼭 여권을 지참하게나." 하고 웃으며 말했다. 중국어 발음이 좋다는 평가를 듣고선 흐뭇했지만, 생김새나 옷차림이 중국인 같다는 지적엔 기분이 썩 좋지는 않았다.

북한은 탯줄, 한국은 새 세계 디딤돌,
호주서 전문가로

흙 내음 그리운 북한 자강도…태를 묻은 땅

에디가 북한을 떠나온 지 30여 년이 흘렀다. 중년을 넘어 장년기에 접어들었다. 곧 환갑이다. 요즘은 환갑잔치하는 사람 보기 드문 세상이다. 아직 젊고 할 일이 많다. 하지만 옛날로 치면 삶의 종착역에 다다른 셈이다.

신장 기형 진단으로 시한부 선고를 받고 아내가 떼어준 신장 덕분에 새 생명을 얻었다. 이 때문인지 환갑을 앞두고 만감이 교차함을 느낀다.

자강도는 어쨌든 첫울음을 터뜨리고 어머니 뱃속에서 감고 나온 태반을 묻은 곳이다. 옛날 왕족들은 태반을 따로 묻어 태실과 태봉을 만들었다. 일반 백성인 에디의 태반이 자강도 어느 곳에 묻혔는지 알 길이 없다. 부모님으로부터 피와 뼈, 살을 받아 태어났다. 그 일부를 고향에 묻고 왔다. 고향을 생각하면 어머니 품속 같은 포근함이 있다. 이역만리 타국에 살다가 고향을 찾은 어르신들이 다시 돌아갈 때 고향 땅 흙 한 주먹을 고이 담아 돌아간다. 부모, 형제와 친척들이 묻혀 있고 앞으로 묻힐 땅이라는 잊을 수 없는 그리움 때문일 것이다.

고향을 떠올리면 지금도 눈에 선하다. 흙 내음이 느껴진다. 외할머니와 원두막에서 과일을 먹던 거며 겨울에 움막 속 장독에 있던 김장 김치를 꺼내 먹던 기억이 난다. 부모님과 형들과 함께 지낸 추억이 지금도 문득 새록새록 떠오른다. 그곳에서 유년기와 청소년기를 거의 다 보냈다. 친구들과 물놀이하고 놀았다. 철부지였다가 학교를 들어가 더 큰 세상으로 나가기 위해 무진 애를 썼다.

아버지는 영관급 고급장교였다. 집안 벽에 큼지막한 세계지도가 걸려 있었다. 국내 여행도 자유롭지 못한 북한에 태어났지만, 세계지도는 바깥세상을 향한 나침반이었다. 어두운 밤하늘에 북극성처럼 빛나는 길잡이였다. 세계지도는 에디에게 깊은 영감을 줬다. 외국 유학을 꿈꾸게 했다. 유학생 선발시험도 도전하게 했다. 과정은 힘들었지만 합격했다. 그토록 원하던 외국에서 공부할 수 있는 길이 열렸다. 그때만 해도 에디는 더 바랄 게 없었다.

호사다마였다. 그때까지 아무런 문제 없이 잘 살았다. 날벼락이었다. 아버지가 장군 진급 심사를 앞두고 있었다. 관련 보안당국에서 성분조사를 대대적으로 실시했다. 도 단위 조사 과정에서 드러나지 않았던 사실이 드러났다. 그동안 꽁꽁 숨겨왔던 월남자 가족이라는 사실이 확인됐다. 남한에서 외삼촌이 고위공무원으로 근무했었다.

그 순간 출신 성분이 뒤바뀌고 말았다. 북한에서 출신 성분은 운명을 결정한다. 아버지의 진급은 그 순간 물거품이 됐다. 그 불똥은 에디로 뛰었다. 유학생 선발시험 합격도 한 순간에 날아갔다. 희망이 절망으로 돌변했다. 북한에서 성공의 사다리가 잘려 날아간 셈이었다. 외국 유학은 당연히 포기해야만 했다. 그때까지 해온 온갖 노력도 다 허사였다.

그래도 길을 찾아야 했다. 외국에는 못 나가지만 성분 좋고 잘나가는 사람들이 사는 평양에 가서 살고 싶었다. 아무나 가서 살 수 없는 평양이지만 지인들 덕분에 가까스로 평양에 있는 대학에 들어갈 수 있었다.

평양은 청진과는 물이 달랐다. 돈이 없으면 사람 구실을 하기 힘들다는 사실을 절감했다. 무엇이라도 해서 돈을 벌어야 했다.

그렇게 해서 시작하게 된 일이 골동품 중개였다. 평양 인근 도시나 농촌에 나가 골동품을 싸게 구입해 일본 관광객들을 대상으로 비싸게 파는 것이었다. 나름 쏠쏠한 벌이가 됐다. 돈도 돈이었지만 골동품 중개를 하면서 일본 관광객들을 만나 외부 세계에 대해 눈을 뜨게 됐다.

북한과 전혀 다른 세상이 존재했다. 일본의 평범한 가정에 자가용이 있고 주부들까지 운전을 한다는 이야기는 충격이었다.

유학 좌절 이후 닫혀 있던 외부 세계에 향한 동경의 문이 열리고 말았다. 가슴 속에서 끓어오르는 외부 세계로 향한 마음의 문을 더는 닫을 수가 없었다. 더 이상 북한에 머물고 싶지 않았다. 골동품 중개로 모은 돈도 두만강을 넘는 결심에 도움이 됐다.

북한에서 보낸 시기를 돌이켜보면 유년 시절과 청소년기는 크게 부러울 게 없었다. 열심히 따라 하면 됐기 때문이다. 가정환경도 남부럽지 않았다. 학창 시절 성적도 우수해 주변의 부러움을 샀다. 하지만 집안의 기둥인 아버지 운명을 가른 관련 당국의 성분조사가 한순간에 모든 것을 뒤흔들고 말았다.

에디는 그 후폭풍을 견디지 못했다. 고향을 등지게 됐다.

한국…세계로 향한 디딤돌

두만강을 건너 우여곡절 끝에 중국 톈진항에서 만난 국제여객선 사무장의 도움으로 당도한 서울은 북한과는 전혀 다른 새로운 세상이었다. 조사 과정에서 귀순 동기 등을 묻는 심문 과정이 너무도 철저해 무척 힘들었다. 하지만 그것은 순간이었다. 별천지가 기다리고 있었다.

처음 정착한 곳은 서울 광진구 화양동 주택가였다. 조용한 하숙집이었다. 하지만 근처에는 유흥가가 많아 언제든 술을 마실 수 있었다. 첫 직장으로 한국도로공사에 다녔다. 주머니 사정도 넉넉했다. 혼자 있을 때면 두고 온 부모와 형들 생각이 났다. 술집에 가서 정신이 나가도록 마시기도 했다.

한국도로공사는 대학생들이 선호하는 직장이다. 하지만 적응이 쉽지 않았다. 북한 교육과 남한 교육이 너무 달랐다. 컴퓨터와 영어 등 직장 생활에 필요한 기초 지식이 너무 부족했다.

돌파구가 필요했다. 다시 대학에 들어가기로 결심했다. 한국을 제대로 알려면 재교육이 필요했다. 또 주는 월급만 받아 언제 돈을 모으고 집 사고 북의 형제를 도울 수 있을까 하는 생각에 모든 것을 다시 시작하기로 했다.

고려대학교 경영학과에 들어갔다. 당시 관계 당국도 탈북 귀순하면 직장 취직이나 대학교 입학에 도움을 줬다. 북한에서 대학과정을 마쳤기 때문에 2~3학년 편입도 가능했다. 하지만 1학년 신입생 과정부터 시작하기로 단단히 작정했다. 입학 초기에 듣게 된 조언도 1학년부터 4학년까지 과정을 모두 이수하는데 한몫을 했다.

1년이라는 시간이 너무 귀하다고 생각, 대학원이나 2, 3학년 편입을 했더라면 도저히 할 수 없는 귀한 경험을 1학년 신입생 과정을 마쳤기 때문에 할 수 있었다고 에디는 생각한다.

신입생 오리엔테이션 과정에서 만난 교우들은 지금도 아주 친하게 지낸다. 임동욱, 한상봉, 구자흥, 김원재, 박상호 등이다. 이들은 살아오는 과정에서 든든한 버팀목이 됐다. 호주에 이민을 가서 대학원 과정을 다닐 때 고려대 동문들의 도움도 많이 받았다.

대학 생활 시작과 함께 행운도 찾아왔다. 당시만 해도 탈북귀순하는 인원이 한 해에 10명도 채, 안 될 때였다. 자연스레 탈북귀순자들의 대학입학이나 활동이 언론의 주목을 받았다. 출판사에서 책을 내자는 제의가 왔다.

유홍준 전 문화재청(현 국가유산청) 청장의 『나의 문화유산 답사기』가 당시 큰 인기를 끌고 있었다. 에디는 북한에서 청진광산금속종합대학 지구물리탐사학과를 나왔다. 북한의 인문지리 관련 이야기를 풀어낼 적임자가 나타난 것이었다. 출판사가 에디의 전공

을 보고 북한판 유산답사기를 기획했다. 『북한의 지리여행』이 발간
됐다. 연합뉴스가 가장 먼저 보도했다. 국내 주요 신문과 방송이 잇
따라 화제 뉴스로 다뤘다. 그 덕분에 에디는 KBS 남북의 창이라는
프로에 고정 출연을 하게 됐다.

유명세를 타면서 시작한 다른 사업도 잘됐다. 무엇보다 한국에서
지금의 아내를 만났다. 북한에서 왔기 때문에 가정을 이루고 싶었
지만 가족도 없는 처지라 쉽지 않았다.

인연은 하늘이 맺어준다고 했다. 호주에서 공부한 여성을 만
났다. 한국 여성들에게서 보기 힘든 사자머리를 하고 있었다. 그 순
간을 잊을 수 없다. 그때 만난 사람이 평생을 함께해온 아내다.

아내를 만나 가정을 이룬 후 한국에서 여러 사업에 도전했다. 평
양 옥류관 서울분점도 냈다. 김대중 대통령 시절 햇볕정책에 힘입
어 남북교류가 활발하던 때였다.

정주영 현대그룹 회장을 비롯하여, 많은 분들이 옥류관 냉면 맛
을 보기 위해 찾아왔다. 전국 각지에서 실향민뿐만 아니라 일반 손
님들이 몰려들었다. 식당 앞에 기다란 줄이 섰다.

하지만 남북관계가 격랑 속으로 빠져들면서 이 사업도 접어야
했다. 아이를 낳고 키우면서 새로운 고민에 빠졌다. 서울에서 남들
처럼 과외를 시키려면 어마어마한 돈이 든다. 아내가 호주에서 중
고등학교와 대학을 나온 영어 원어민이라 영어학원을 차렸다. 하지
만, 사업이 만만치 않았다. 두 아이의 교육을 위해 서울보다 호주가
나을 수도 있다고 판단했다. 호주 이민을 결행했다.

호주 밑바닥부터 시작 북한 투자전문가로

호주에 이민을 왔지만 처음에는 막막했다. 생계를 위해 일자리부터 찾아야 했다. 쉽게 할 수 있는 일이 청소였다. 시간당 급여도 꽤 괜찮았다. 하지만 체력 소모가 많은 일이라 처음에는 꽤 힘들었다. 시간이 지나면서 적응도 하고 또 자동차 관련 영업도 하게 되면서 안정을 찾았다.

여기서 안주할 순 없었다. 이역만리 머나먼 땅에서 일에 귀천이 없다지만 사회적으로 당당하게 인정하는 전문직을 찾을 수 있는 뭔가를 해야겠다고 생각했다. 경영대학원에 도전하기로 했다.

영어도 신통치 않았던 시절이라 걱정도 됐지만 도전을 멈출 수 없었다. 이대로 안주하면 아무리 부모라도 나중에 자녀들과 관계 형성에 어려움을 겪을 수 있다는 생각이 들었다. 무엇보다 아이들의 든든한 울타리가 되어 주고 싶었다.

일을 하면서 어학과정과 대학원과정을 마쳤다. 한마디로 죽을힘을 다해 공부한 시기였다. 한때 머리카락까지 빠지고 혈압이 높아져 병원을 찾았을 때 "회계사가 되기 전에 쓰러질 수 있다."는 말까지 듣기도 했다. 그 당시 몸을 혹사한 탓에 지금도 혈압약을 매일 복용하고 있다.

통상 4학기 과정의 대학원 과정을 6학기에 졸업했다. 졸업과 동시에 회계사 자격도 취득했다.

북한에서 지리물리탐사학과를 다닌 게 호주에서 주목을 받았다. 호주는 지하자원 부국이다. 많은 지하자원을 보유하고 있지만 개발에 어려움을 겪고 있다. 환경오염에 대한 규제가 많기 때문이다. 호주 기업 입장으로 보면 북한은 상대적으로 지하자원 개발이 용이하다. 호주 기업들이 에디를 주목했다. 덕분에 지하자원 관련 지식과 회계사라는 전문직을 결합, 북한지하자원투자전문가의 길을 걸을 수 있었다.

탈북 32년 꼭 들려주고 싶은 이야기
"북한 잊고 악착같이 돈 벌어라."

에디는 귀순자, 정치적 망명자 신분으로 1990년대 초반에 남으로 내려온 귀순(탈북) 1세대이다. 북한을 떠나 남으로 내려온 지 30년이 넘었다. 남한, 영국, 호주 등에서 청장년기를 보냈다. 자본주의 사회에서 치열하게 살아남기 위해 노력했다.

에디는 이런 경험을 통해 얻는 지혜를 후배들과 나누고 싶다.

첫째 나이와 상관없이 가능한 남한의 교육기관에서 교육을 받아라. 대학교육도 좋고 전문기술학교 교육도 다 좋다. 미용, 요리 등 직업 기술도 좋다. 교육을 받으며 한국의 전문학교에서 남한의 학우들을 사귀고 동료의식을 깨우쳐야 한다.

앞으로 평생 벌어 먹고살 나만의 기술과 전문지식을 가지고 있어야 살아남을 수 있다.

빌딩 청소를 하려고 해도 청소 관련 지식과 기술을 익혀야 한다. 전문기술이 있으면 청소노동자로 취직해도 남보다 1.5배의 월급을 받을 수 있다.

둘째 북한에서 태어나 겪은 모든 가슴 아픈 기억을 모두 잊어라. 출신 성분 차이에 따른 차별과 그 속에서의 실패와 좌절을 기억할 필요가 없다. 남한에 온 이상 자본주의의 꽃인 돈벌이에 집중해야 한다. 악착같이 돈을 벌어라. 돈을 모으면 차별에서 벗어날 수 있다. 돈을 번 만큼 사회적 지위를 부여받는다. 주변 사람들에게서도 점차 인정을 받을 수 있다. 북한에서 왔는지 어느 지방 출신인지 관계없이 사람 대접받고 살 수 있다.

셋째 종잣돈을 만드는 기간(약 10년으로 본다)에는 탈북 동기나 고향 친구 또는 관련 기관 사람들과도 인연을 끊어라. 번 돈을 저축하고 돈이 쌓인 통장을 보면서 기쁨과 환희를 느껴라. 그 돈이 1억 원 이상 될 때까지는 북에서 배고프고 슬펐던 기억을 잊지 말아야 한다. 그런 다음 모든 것에 감사하는 마음을 가져야 한다.

넷째 결혼은 가능하면 남한 사람과 해라. 북한 출신 사람들은 서로의 마음을 이해할 수 있는 북한에서 넘어온 사람들끼리 결혼하려고 한다. 부부 둘 다 외로우면 더 서럽다. 가능하면 처가댁이나, 시댁이 있어 그들에게 의지하며 외로움을 푸는 것이 더 현명하다고 생각한다.

그리고 남한에서 태어나고 자란 사람들에게 배울 점이 훨씬 많다. 남한 사람들과 결혼해 아이를 낳고 키워야 자식들이 다문화 가정이란 말 안 듣고 살 수 있다. 아이들은 부모의 아픔을 이해할 수 없다. 그들에게만이라도 부모의 상처를 대물림하는 일은 없어야 한다.

다섯째 어느 정도 자리 잡기 시작하면 고향을 생각하며 부모 형제를 도와라. 남한에서 자리 잡고 어느 정도 살게 되면 당장은 행복하다. 하지만 나 때문에 고생하고 고초를 겪은 부모형제, 친척들을 도울 방법을 찾아야 한다. 대부분 성공해도 북에 두고 온 가족들이 뼈에 사무치도록 그립고 그들에 대한 죄책감 때문에 잠을 이루기 어렵다. 그러한 자책감을 덜기 위해서라도 가능한 자신이 가지고 있는 자금의 10%라도 그들을 위해 써야 한다. 그래야 후회 없는 삶을 살 수 있다.

〈참고자료〉

〈화제〉귀순 北韓대학생, 최신 북한투자정보書 출간
고려대 尹雄군, 부동산투자방법.소유권 문제 등 소개

(서울=聯合) 남북통일이 되면 북한 어느 곳이 부동산 투자의 최적지일까?

평양거리, 아파트 구조 및 시세, 부동산 거래방식 등 북한 부동산 거래상황과 상점, 식당, 여관, 호텔, 극장 등의 이용실태 및 최신 투자정보를 담은 책이 귀순한 북한대학생에 의해 집필.출간돼 관심을 끌고 있다.

화제의 책은 지난 93년 10월 귀순해 현재 고려대 경영학과 1학년에 재학 중인 尹雄군(29)이 집필한 『북한의 지리여행』(문예산책刊).

尹군은 6년제 청진광산금속공업대학 지질공학부 지구물리탐사과를 다니며 북한의 자연, 지리, 풍습, 지질상태를 연구하기 위해 북한 전역을 수차례나 일주한 바 있는, 북한 주민으로서는 특이한 경력의 소유자.

3백여 쪽 분량의 이 책 전반부는 북한의 고속도로와 일반 국도, 철도, 공항, 항만시설및 그 이용실태, 강,하천및 호수, 광물자원등에 대한 내용이 담겨 있고, 중반부는 광복거리 등 평양의 주요거리와 주택사정, 대학현황, 공장,기업소, 발전소 등 산업시설에 관한 구체적인 자료와 함께 尹군의 답사이야기가 곁들여져 있어 현실감을 더해준다.

후반부에는 북한 농산물 생산과 특산물, 상점, 식당, 호텔, 영화관, 극장현황, 북한판 '홍콩' 및 '마카오' 시장, 자가용 승용차, 오토바이, 자전거 보유실태, 명승지, 약수, 온천 등에 대한 소개와 함께 북한의 투자여건과 유의점 그리고 남북통일 시 북한 소재 부동산에 대한 투자 가능성에 대한 진단까지 들어있다.

북한판 '홍콩' '마카오'시장이란 중국 접경지역인 북한 국경지역으로 중국교포들과 북한 상인들이 활동하는 지역시장으로, 남양시장(함경북도 온성군 남양리), 회령시장(함경북도 회령시), 무산시장(함경북도 무산군읍), 혜산시장(양강도 혜산시), 신의주시장(평안북도 신의주시) 등 5개 시장이 가장 유명하다.

이들 5개 시장은 북한의 상업 중심지로 없는 물건이 없으며 내로라하는 장사꾼들이 모여 富를 축적하는 마당이 되고 있다.

북한에서 국민들의 사유재산이 전혀 인정되지 않고 있다는 남한국민들의 일반적인 인식과 달리 북한에서도 자기의 토지를 어느 정도 소유하고 있으며 선조로부터 물려받은 집이나 재산도 일정 한도까지는 인정하고 있다는 것.

이 책에는 이외에도 전반적인 북한 경제, 국민들의 소유권 문제 등 이제까지 한 번도 소개된 적이 없는 북한의 부동산 거래에 대한 구체적인 사실과 사진들이 수록돼있다.

특히 이 책에 소개된 70여 장의 북한 관련 컬러사진은 이제까지 紙上이나 책에서 거의 공개된 적이 없는 90년 초반을 배경으로 한 최신자료들로 尹군이 中國 북경대학에서 입수한 것이어서 눈길을 끌고 있다.

尹군은 "조국통일에 대비해 남한 사람이나 전세계의 사람들에게 북한이라는 베일에 싸인 나라를 이해시키고, 그곳의 경제, 지리, 자원의 실상과 투자가능성을 보여주기 위해 책을 썼다"며 "이 책을 통해 통일이 한국경제에 부정적인 요소로만 작용하는 것이 아니라는 것과 투자 가능성을 보여주고 싶었다"고 집필동기를 설명했다.

지난 93년 10월 두만강을 건너 탈출해 중국에서 만난 한국인 선원의 도움으로 인천항으로 밀항해 귀순해온 尹군은 평안북도(지금의 자강도 강계시)에서 태어나 당시 인민군 부사단장이었던 아버지 尹麟山씨(93년 5월 작고)의 임지를 따라 8차례나 자강도 강계, 평양시 용성구역, 남포시 와우도 구역, 황해북도 황주군, 사리원시, 강원도 철원군, 함경북도 경성, 무산군 등으로 자주 이사를 다닌 게 이 책을 쓰는데 큰 도움이 됐다고 말했다.

尹군은 고려대 경영학과를 졸업한 후 기업체에 들어가 경영수업을 쌓은 뒤 기업가가 되겠다는 포부를 갖고 있다. (金載洪기자)(끝) [1995.05.08 송고]

〈화제〉남한엔 '야타족' 북한엔 '야좀타자족'

(서울=聯合) 남한에 '야타족'이 있다면 북한에는 '야좀타자족'이 있다.

북한에는 재미교포나 재일교포 친척이 있는 주민들이 간혹 자가용을 끌고 다니는데 북한 처녀들은 자가용에는 몹시 약해 속으로 '야, (나도)좀 타자'하고 있다가 자가용 운전자가 유혹하면 너나없이 넘어가는 여성들을 '야좀타자족' 이라고 부른다는 것.

이처럼 남한과 북한의 서로 비슷하면서도 다른 신세대들의 모습을 대비시 켜 평양과 북한 각지에서 생활하고 있는 북한의 신세대의 문화와 가치관, 살 아가는 모습을 재미있게 그린 『북녘의 신세대 X파일』(한뜻刊)이 24일 출간 됐다.

모두 2백90여 쪽 분량의 이 책은 ▲압구정동과 창광거리 ▲남한의 야타족 과 평양의 야좀 타자족 ▲남한의 미팅과 북한의 소개팅 ▲미스코리아와 기쁨 조 ▲노래방과 온치(음치)▲포르노 테이프 유행 ▲평양의 음주운전 단속 ▲열 린음악회와 요청무대 ▲고스톱과 주패놀이 ▲산타 할아버지와 망태기 할아버 지 등 1백4개의 소제목으로 구성돼 있다.

이 책의 저자인 尹雄씨(30)는 지난 93년 10월 귀순, 현재 고려대 경영학과 2학년에 재학 중이며 지난 95년과 96년 '북한의 지리여행' '평양가서 돈 버는 108가지 아이디어'를 펴내 화제를 모은 바 있다.

尹씨에 따르면 서울에 신세대들이 모이는 압구정동이 있으면 평양에는 청 광거리가 있는데 이 거리는 金正日 집무실, 정부청사, 고급아파트, 고려호텔, 평양 제1백화점 등이 들어서 있는 북한 최대의 번화가로 북한 고위층 자제들 이 몰리는 유행1번지.

북한에도 90년대 들어 개방의 물결을 타고 평양시 청류동 '청년문화회관' 등 에 노래방 설비가 설치되기는 했지만 이는 고위층을 상대로 한 것으로 서민들 이 손쉽게 이용할 수 있는 노래방은 없어 북한의 음치 비율이 남한보다 훨씬 높다.

이와 함께 남한의 일부 부유층에서 신부가 혼숫감으로 '열쇠 3개' 즉 아파 트, 자가용, 개인 사무실 열쇠를 준비하는 데 반해 북한에는 고위 당간부를 비 롯한 상류층에 이와 유사한 '5장6기'가 있다.

5장은 이불장, 옷장, 찬장, 책장, 신발장이며 6기는 텔레비전 수상기, 세탁 기, 녹음기, 냉동기(냉장고), 재봉기(재봉틀), 선풍기를 말한다.

북한에도 중국이나 일본에서 흘러들어온 포르노 테이프가 재일교포출신,

노동당 간부 자녀들, 외국 대사관 자녀들의 중심으로 번져나가고 있는데 가격은 북한 돈으로 45분짜리 두 편에 9천원(사무원 한달 봉급 1백20원)으로 엄청난 고가라는 것.

최근 신세대들의 포르노 바람에 대응하여 북한에서는 정전이 되면 비디오 안에 들어있는 테이프를 꺼낼 수 없는 점에 착안, 포르노를 볼만한 집을 감시하다 갑자기정전을 시켜 가택수색을 하는 방법을 동원, 단속을 한다는 것.

한편 尹씨는 지난 93년 10월 두만강을 건너 탈출해 중국에서 만난 한국인 선원의 도움으로 인천항으로 밀항해 귀순했으며 6년제 청진 광신금속공업대학 지질학부 지구물리탐사학과를 다니며 자연, 지리, 풍습, 지질상태를 연구하기 위해 북한 전역을 여러 차례 일주한 경력을 갖고 있다.

(끝)[1996.12.23 송고]

귀순 벤처사업가,『평양 비즈니스아이템 100』펴내

(서울=연합뉴스) 김재홍기자 = 남북정상회담으로 인해 온세계의 이목이 평양에 집중돼 있는 가운데 귀순 벤처사업가인 윤승재(35. 필명)씨가 소자본으로 평양에서 돈을 벌 수 있는 100가지 사업을 소개한『평양 비즈니스 아이템 100』(민미디어, 1만원)을 13일 출간했다.

『평양 비즈니스 아이템 100』은 아이템뱅크, 대북투자 관련 남북한 관련법규, 대북투자에 대한 Q&A 등 크게 4부로 구성돼 있다.

특히 제1부인 아이템뱅크에는 북한의 고급인력 활용방안과 비즈니스 아이디어, 평양음식점, 중고시장, 평양 유흥문화, 유통 및 소매분야, 평양의 교통, 관광지, 온천, 숙박시설, 문화시설, 공업지구, 지하자원 등에 대한 내용이 재미있는 읽을 거리와 함께 소개돼 있다.

윤씨는 "남북통합사업이 몇몇 대기업이나 특별한 사람들에 의해 독점되거나 이용되는 것은 바람직하지 못하다"면서 " 북한에 대한 정보와 계획을 구체적으로 가지고 있는 특정연구소나 대기업보다 중소기업이나 일반주민, 미래의 투자자가 될 기업과 사람들에게 평양의 진실한 정보와 사업 아이템을 공개해야겠다는 생각으로 이 책을 쓰게 됐다"고 말했다.

그는 또 "남한에 와서 자본주의 사고방식과 새로운 비즈니스를 위해 경영학을 전공한 것이 많은 도움이 됐고 특히 직접 대북투자 및 관련 비즈니스를 하는 기업의 파트너로 일하면서 이 같은 책의 필요성을 절감했다"고 덧붙였다.

윤씨는 지난 93년10월 평양철도대학 재학중 두만강을 넘어 북한을 탈출, 제3국을 거쳐 한국으로 망명했으며 이후 고려대 경영학과를 졸업하고 현재 대북컨설팅회사인 대유T&C 대표를 맡고 있다.

윤씨는 고려대 경영학과에 다니면서 『북한의 지리여행』이란 책을 펴낸 적이 있으며 최근에는 강남 지하철역 부근에 평양냉면 전문점인 옥류관을 개점해 화제를 모으기도 했었다.

(끝) [2000.06.13 송고]

〈화제〉 대학가 신입생 오리엔테이션

(서울=聯合)O...서울시내 주요대학들이 97학년도 신입생 오리엔테이션 행사를 예년과 달리 학교와 총학생회가 공동으로 주관하면서 신입생과 학부모, 교직원들이 참여하는 다채로운 행사를 꾸미기로 해 눈길.

연대는 오리엔테이션 첫날인 17일 잠실올림픽 체조경기장에서 신입생,학부모,동문,교수및 교직원 등이 참여하는 한마당축제를 열고 18일은 도서관,학생회관, 대강당앞 등 교내에서 동아리와 소모임 안내 등을 위한 '학생자치의 날 거리의 축제'를 갖고 마지막 날인 19일은 단과대별 자체행사를 열 예정.

연대 총학생회 기획실장인 金知光씨(경영 3.21)는 "오리엔테이션을 통해 신입생들이 재학생들의 문화적인 역량을 경험하고 이를 통해 각종 동아리나 소모임을 자연스럽게 선택할 수 있는 기회를 주기 위해 거리의 축제를 기획했다"고 설명.

고대는 오는 14일 하룻동안 오리엔테이션 행사를 여는데 학교및 학과소개 외에 남북한 대학의 실상을 소개하기 위해 이 학교에 경영학과에 재학중인 귀순대학생 尹雄씨에게 강연을 부탁해 이채.

尹씨는 이와 관련 "통일시대를 준비하는 대학생들에게 남북한의 실상에 대한 이해와 통일에 대한 전망이 무엇보다 중요하다고 생각한다"면서 "남북한 대학생의 이질적인 측면보다는 한민족으로서의 동질성과 다양성, 북한 대학생의 고충을 중심으로 강연할 것"이라고 말했다.

이대는 11일 하룻동안 교내 대강당에서 신입생,학부모,교직원 등 4천5백여
명이 참석한 가운데 오리엔테이션을 개최했으며 李美卿의원(민주),河헌주교
수(연대 의대)등 동문 선배 9명이 나와 주제별로 강연을 해 신입생들로부터 큰
호응을 받았다.

서강대는 오는 22일부터 닷새동안 신입생을 2개조로 편성, 2박3일씩 설악
산 대명콘도에서 오리엔테이션을 가질 계획이며 전체교수의 50% 이상이 참
여토록 해 소그룹단위의 지도를 통해 교수,학생간 긴밀한 유대관계를 맺을 수
있도록 할 계획. (끝) [1997.02.11 송고]

〈화제〉 北서 귀순 尹雄씨 출판기념회 열려

(서울=聯合) 지난 93년 북한을 탈출,중국을 거쳐 귀순했던 尹雄씨(29.현재
고려대 경영학 1년 재학중)가 최근 펴낸 '북한의 지리여행' 출판기념회가 16일
오후 6시 한국프레스센터 20층 멤버스 클럽에서 열렸다.

이 책은 尹씨가 북한 청진광산금속대학 지질학부에서 졸업논문을 쓰기위해
86년후반부터 6년간 북한 전역을 직접 돌아다니며 수집한 산업,교통,문화,교
육,관광,부동산과 언어및 생활풍습 등 다방면에 걸친 북한의 최신정보를 토대
로 엮은 최초의 북한 소개서다.

尹씨는 출판기념식장에서 인사말을 통해 "남한 사람들이 대체적으로 통일
과 통일이후의 사회에 대해 비관적으로 생각하고 있는 것같아 북한의 생활환
경을 간접적으로나마 접해볼 수 있는 계기를 마련, 선입견 해소에 일조하고
싶어 이 책을 쓰게됐다"고 집필 동기를 설명했다.

이날 출판기념회에는 申守植 고려대 경영대학장, 趙星河 고려대교수(경영
학), 宋英錫 현암출판사 사장, 洪承大한양출판대표, 李升用홍익출판사 이사,
李明鏞한국자유총연맹 사무국장, 북한탈출 귀순자 金南俊, 金明哲,趙永蒿씨
등 1백여명이 참석했다. (끝) [1995.05.16 송고]

〈화제〉 첫 주권행사하는 귀순 대학생 尹雄씨

(서울=聯合) "후보자들이 너무 많아 어리둥절합니다레"

지난 93년 10월 북한을 탈출, 중국을 거쳐 귀순한 尹雄씨(29.고려대 경영학

1)는 4大 지방선거일인 오는 27일 '제2의 故鄕'인 서울에서 맞을 첫 주권행사의 기대감과 혼돈스러움을 이렇게 말했다.

그도그럴 것이 대한민국 사람들도 처음 해보게 되는 동시선거를 그간 전혀 이질적인 사회에서 살다와 이름조차 제대로 알지 못하는 20여명의 후보들 가운데 4명을 뽑아야 하는 선택을 해야하기 때문이다.

북한에서 경험한 尹씨의 선거 경험은 지금 그가 서울에서 겪고 있는 그것과 너무나도 달라 혼란스럽기까지 한 탓이다.

그는 북한에서 공민증을 발급받은 만 18세 이후 최고인민회의의원, 도대의원, 군대의원 등 선거에 10차례 참가해 보았지만 대부분 선거공약 대결이나 치열한 유세전은 찾아볼 수 없었다고 한다.

선거가 오직 金日成-正日부자가 추천하는 후보자 한명을 선출하기 위한 도구로 활용되고 선거에 앞서 학생들과 주민들이 1백% 선거참여를 위한 선전전을 펴는 등 이곳과는 판이하게 다르다는 것.

尹씨는 그래서 지난 12일 오전 서울 노원구 중계3동 사무소를 찾아가 선거인 명부에서 자신의 이름을 확인하고 신문방송 등을 통한 후보자들의 토론회를 놓치지 않고 보는 등 새로운 선거문화를 익힐 수 있도록 철저한 준비를 하고 있다.

尹씨는 "아직 서울시장 후보들의 면면을 정확히 파악하지 못해 북한 출신 후보에게 마음이 가지만 앞으로 선거전을 지켜보면서 시와 지역주민들을 위해 진정으로 봉사할 수 있는 후보를 찍겠다"고 말했다.

남과 북에서 생활해 본 그는 또 "하루 빨리 통일이 돼 북한 주민들이 함께 자유로운 선거를 통해 민족의 지도자들 뽑을 수 있는 날이 왔으면 좋겠다"면서 "그 때가 되면 고향인 강계시에서 시의원이나 시장에도 출마하고 싶다"고 포부를 피력했다.

尹씨는 북한 청진금속대학 지질학부에서 연구와 북한여행경험을 토대로 지난 5월 '북한의 지리여행'이란 책을 펴내는 등 우리사회에 적응하며 열심히 살고 있는 평범한 대학생이다. (끝) [1995.06.13 송고]

고대졸업 귀순자 윤웅씨,"사회에 도움 주고파"

(서울=연합뉴스) 고형규기자= "수업에 충실하지 못했는데 너그러운 교수님들 덕분에 무난히 졸업할 수 있었던 것 같습니다"

25일 오전 고려대 98학년 전기 학위수여식에서 이 대학 경영학과 학사모를 쓰게 된 북한 귀순자 윤웅(33)씨.

컴퓨터 PC통신 정보제공사업과 함께 무역업을 영위하는 어엿한 기업체 사장이기도 한 윤씨는 "나이차이가 6-7년 가량 나는 동기들과 어울리는데 어려움이 많았지만 점차 학교생활에 익숙해 지면서 우리학교 특유의 막걸리 사발식도 함께 하며 나름대로 보람있는 시간을 보냈다"며 졸업의 소회를 대신했다.

북한에서 평양철도대학 기술경제학과를 졸업한 윤씨는 93년 귀순한 뒤 PC통신을 통해 북한정보란을 개설, '북한에도 미팅이 있나' '북녘의 X세대' 등 북한 젊은이의 생활상을 알기쉽게 전해 네티즌의 호응을 얻고 있다.

그는 특히 96년 '대유T&C'라는 무역업체를 차려 송화가루 등 북한 특산물을 수입판매해 그해에만 50만달러의 매출을 올리며 사업가로의 입지를 굳히기도 했다.

윤씨는 "평양에서 대학을 다닐 때와는 사뭇 분위기가 달랐지만 상당히 자유롭다는 느낌만은 확실했다"면서 "사업체 운영과 학업을 병행하느라 수업을 제대로 듣지 못한 것이 다소 아쉽다"고 말했다.

97년 지금의 아내를 만나 슬하에 딸 1명을 두고있는 윤씨는 "통일이 되면 할 일이 많을 것 같아 배움을 게을리 할 수 없다"며 앞으로 미력이나마 사회에 보탬이 될 수있는 많은 일을 해보고 싶다고 포부를 밝혔다.

https://n.news.naver.com/mnews/article/001/0004418668?sid=102

〈화제〉 귀순자들, 대학 교양과목 강사로 나서

(서울=聯合) 한양대가 귀순자들이 강사로 참여하는 교양과목을 마련했다. 이 대학 행정대학원 孔星鎭 교수는 이번 학기에 북한 관료출신의 귀순자 5명과 국내 북한전문가 6명이 일일강사로 참여하는 〈21세기 세계와 한국〉이라는 교양과목을 개설했다고 26일 밝혔다.

강사로 초빙된 사람은 91년 귀순한 高英煥 前콩고주재 북한대사관 1등서기
관(북한문제조사연구소 연구원), 趙明哲 前김일성대 교수(대외경제정책연구
원) 등을 비롯해, 정성산(동국대 연극영화과 재학), 윤웅(고려대 경영학과 재
학),최동철씨(한양대 전자공학과 재학) 등이다.

이들은 각각 북한의 정치,경제,사회,문화,예술,교육,대학 등에 관한 북한의
실상을 수강생들에게 들려주게 된다.

귀순자외에 송영대 前통일원 차관, 강인덕 극동문제연구소장 등 국내 북한
전문가들도 강사로 나와 통일방안과 전망 등에 관해 강의할 예정이다.

재학생을 대상으로 하는 이 과목에는 2학점의 이수학점이 주어지며 강의평
가는 각 강사의 발표내용에 대한 비판적 분석과 평가를 담은 보고서 작성 등
에 의해 이뤄진다.

강의 첫날인 27일 오전 10시 이 대학 백남음악관에는 5백여명의 학생들이
수강, 북한배우기에 대한 열기를 반영했다.

https://n.news.naver.com/mnews/article/001/0004191569?sid=102

Jae Hong Kim

Yonhapnews Agency Washington Correspondent

1299 National Press Building

529 14th St.NW

Washington D.C. 20045

Dear Prof. Hayes

I am very proud of introducing Edward Yoon to you. He is a North
Korea defector, who escaped from the tightly controlled and closed
society in order to get freedom.

I am Jae Hong Kim, a Yonhapnews Agency's Washing D.C.
correspondent.

Yonhapnews is an AP version of Korea which covers almost all kinds of news and provides them to other media such as daily newspapers, TVs, radios, magazines and etc.

I have worked as a journalist for 15 years, covering social, economic and international fields. These days I mainly deal with international issues such as North Korea nuclear crisis, the Korea-United State Free Trade Agreement and hot political and economic issues of USA itself.

Mr. Yoon has unique academic careers as well as uncommon experiences. He graduated from Universities of North and South Korea. I think, his experiences and perspective in two Korea is highly valuable in understanding the past, present and future of Koreas.

I met Edward Yoon 14 years ago for the first time. It was just two years after he defected from the North Korea, with risking his life.

He got a Bachelor Degree in Geology in Mining and Metal Engineering and took Master & Research course in Technical Management, Pyongyang Transportation University, North Korea. Even though he already finished University in North Korea, he decided to study further.

It was why he decided to learn the way of a capitalism society completely different from the North Korea he was born and grown up. North Korea is a closed and socialism society in which the one governing political party has an overwhelming power. He entered Korea University, one of the most prestigious schools in Korea, and there he majored in Business Administration.

And he got a Master of Regional Economics, So Gang University in

Seoul.

While attending the University, he published the book titled as 'Natural resources and Business issues: Geological Travel in North Korea'. It attracted a lot of attention from Korean media. After then, he continued to write books regarding the investment for North Korea, 'Pyongyang Business Issues 108'.

Even though it might not be easy for him to adjust himself to the new environment, he overcame the difficulties with his vigor and determination and devoted himself to the research conducive to the reunification and prosperity of two Koreas. The peace in Korean Peninsular is of great interest to United States of America.

In that sense, he is a good example of surviving a terrible ordeal. I believe in him considering his courage and devotion to his goals.

Sincerely Yours

Jae Hong Kim

이런사업 유망 | KBS 뉴스

https://news.kbs.co.kr/news/pc/view/view.do?ncd=3765883

평양옥류관 냉면 서울점 개점

(서울=연합뉴스) 장용훈기자= 북한 평양 옥류관과 분점계약을 맺은 평양옥류관 냉면 서울점이 3일 낮 12시 강남구 역삼동 823번지에서 문을 열었다.

이날 개점식에는 강영훈(姜英勳) 전국무총리가 축사를 했으며 김덕룡(金德龍) 한나라당 의원, 정대철(鄭大哲) 국민회의 부총재, 조남호(趙南浩) 서초구

청장 등 유명인사가 참석했다.

또 음식점 직원 및 협력업체 관계자 등 모두 300여명이 자리를 같이해 재일 조총련 기업을 통해 평양옥류관의 냉면을 서울에서 맛보게 된 것을 축하했다.

김영백(金暎伯) 평양옥류관 서울점 대표이사는 이날 "북한 각 지방 사진전, 공훈예술가 회화 및 조각전 등을 열어 북한을 느낄 수 있는 음식점으로 가꿔 나갈 계획"이라고 다짐했다.

또 "앞으로 사업이 확대되면 원활한 원료수급을 위해 북한의 옥류관과 함께 평양시에 합영회사도 세울 계획"이라며 "북한 옥류관이 남한의 특허청에 상표 권을 출원하고 이를 이용하는 문제도 논의중인만큼 남북간 지적재산권 문제 를 해결하는 모델이 되기를 기대한다"고 덧붙였다.

대지 2백80여평에 건평 277평의 지하 1층, 지상 3층 건물인 옥류관 서울점 은 평양냉면을 비롯해 평양온반, 평양불고기 등 북한 음식 약 20여종을 제공 하며, 메밀을 비롯한 식자재와 식당운영에 필요한 집기류, 비품, 소모품을 북 한에서 들여왔다.

또 평양옥류관에서 북한 냉면 비법을 전수받은 재일조총련계 동포 요리사 박수남씨가 음식조리를 맡는다.

(끝) [1999.05.03 송고]

〈평양 옥류관 냉면 서울에 반입〉

(서울=연합뉴스) 정일용 기자= 평양냉면의 원조격인 '옥류관 냉면'을 서울 에서도 맛볼 수 있게 됐다.

23일 ㈜옥류물산(사장 최영렬)에 따르면 평양 옥류관 냉면 육수 제조 '비법' 과 함께 냉면 사리 5t이 지난 15일 인천항에 도착, 조만간 평양 주민들이 즐기 는 옥류관 냉면을 서울에서도 맛보게 될 전망이다.

이번에 들여 온 냉면 사리는 옥류관 냉면 납품업체랄 수 있는 '옥류식료가공 공장'에서 제조한 것. 2, 3인분 분량으로 450g 씩 포장돼 있는 '옥류랭면' 봉지 에는 냉면사리 성분 함유량과 간단한 조리법이 적혀 있다.

냉면사리 성분은 농마(감자가루)가 30%, 메밀 35%, 전분(옥수수가루) 15%, 흰쌀7%, 도토리 10%, 소금 3%로 감자와 옥수수, 도토리가 함유돼 있는 것이 특이하다. 옥류물산 최영렬 사장은 "북측은 봉지에 표시된 재료 외에 평양 냉면의 독특한 맛을 내는 다른 재료가 들어간다고 말했으나 가르쳐주지는 않았다"고 말했다.

조리법은 예상 외로 간단하다. "찬 물에 30-45분 담가 놓았다가 찬물에 씻어 양념을 넣고 잡수시면 됩니다"고 씌여 있다.

가장 애를 먹었던 것은 냉면 맛을 좌우한다는 육수 제조법을 알아내는 일. 수년 동안 공을 들인 끝에 '비법'을 전수받을 수 있었다고 한다. 북측 요리사가 손수 적어 주었다는 대여섯장 가량의 A4 용지에는 보통 냉면 외에도 쟁반 국수, 꿩고기 국수, 평양 왕만두, 회국수 등 다양한 요리법이 빼곡히 적혀 있었다.

이미 서울 시내의 소문난 냉면집 고객을 상대로 나름대로 '시장 조사'를 거친 옥류물산측은 시식자들이 공통적으로 담백한 맛을 높이 쳐주었다면서 일반적으로 자극적인 냉면 맛에 길들여진 취향에 담백한 맛을 조화시키는 자체 요리법을 연구하고 있다.

최영렬 사장은 "앞으로 북한과 합작으로 평양 근교에 국수(냉면) 공장을 설립할 계획"이라면서 "별식으로 먹는 냉면이라지만 식량이 모자라는 북한에서 냉면 한 오라기라도 빼올 생각은 없고 남과 북이 서로 돕고 사는 방법으로 추진하는 것"이라고 말했다.

합작공장이 설립되면 지금까지 남북 간 교류협력 방식과는 달리 북한의 기술에 남한의 자본이 결합하는 새로운 형태가 될 전망이다.

지금까지는 북한의 단순 노동력을 '저임'으로 활용하는 수준에 그쳐 왔지만 옥류관 냉면 제조기술을 북측이 제공하고 여기서 생산된 냉면을 이미 옥류관 분점이 나가 있는 미국, 캐나다, 일본, 중국 등지에 팔아 함께 수익을 나누겠다는 발상이다.

최 사장은 "냉면에 국한된 조그만 일이지만 '햇볕정책' 덕을 봤다"며 "앞으로 실향민들에게는 '고향 맛'을 되찾아 드리고 남과 북이 냉면 맛으로라도 '통일'이 됐으면 하는 바람을 갖고 있다"고 말했다. (끝) [1999.02.22 송고]